Je cuisine avec un
BABY ROBOT

ILONA
CHOVANCOVA
PHOTOGRAPHIES DE
RICHARD BOUTIN

MARABOUT

Introduction

CONSEILS

Pas de diversification trop précoce, en tout cas évitez de l'introduire avant l'âge de 4 mois révolus mais avant 6 mois. Le lait maternel ou les préparations pour nourrissons suffisent largement auparavant. On n'introduit toujours qu'un aliment nouveau à la fois en le présentant deux ou trois fois afin de tester s'il y a des allergies.

On introduit toujours les légumes avant les fruits pour ne pas habituer l'enfant au goût sucré trop rapidement. La richesse en protéines des produits laitiers (lait de vache, fromages) incite à les introduire tardivement car l'excès de protéines favorise l'obésité.

On fait très attention aux exhausteurs de goût comme le sel et on peut sans hésiter se diriger vers les épices douces comme la cannelle ou les herbes aromatiques.

On joue sur les textures d'abord en proposant des textures lisses pas épaisses puis dès l'âge de 8 mois, on épaissit la texture et on la rend moins homogène. À 1 an, des morceaux mous sont tout à fait recommandés, cela permet l'apprentissage fondamental de la mastication.

QUOI ET EN QUELLES QUANTITÉS À QUEL ÂGE ?

Dès 4 mois

• Légumes : Introduction progressive de 3 à 8 cuillerées à café de légumes cuits à la vapeur et mixés en purée très lisse (30-50 g)
• Fruits : 30-50 g par jour (cuits et mixés)
• Lait maternel à la demande ou préparation de suite, 4 fois par jour, au total 720 ml environ.

Dès 5 mois

• Légumes : 120 g par jour
• Féculent : pomme de terre : 40 g par jour
• Fruits : 80 g par jour
• Lait maternel à la demande ou préparation de suite, 4 fois par jour, au total 720 ml environ

Dès 6 mois

Introduction de protéines 1 fois par jour
• Légumes : 160 g par jour
• Protéines : 10 g de viande ou de poisson, ou œuf ou ¼ de jaune cuit, ou 15 g de fromage
• Féculents : 50 g de pomme de terre, ou 20 g de pâtes cuites, ou 10 g de pain ou gâteau
• Fruits : 100 g par jour soit 1 fruit
• Laitage : 1 yaourt ou 2 petits-suisses ou 15 g de fromage pasteurisé

• Lait maternel à la demande ou préparation de suite, 3 fois par jours, environ 720 ml.

Dès 7 mois

• Lait maternel à la demande ou préparation de suite : environ 2 à 3 fois par jour, au total 720 ml environ.
• Produits laitiers : 50 à 100 g de yaourt ou de lait
• Légumes : 1 fois par jour soit 170 g au maximum
• Aliments farineux : 1 à 2 fois par jour (comme 50 g de pommes de terre ou 25 g de pâtes cuites)
• Viande, poisson, œuf : 1 fois par jour à raison d'1/4 œuf, 10 g de viande ou de poisson soit l'équivalent de 2 cuillerées à café
• Huiles et matières grasses : 1 cuillerée à café d'huile par jour (plutôt colza pour la richesse en oméga 3 utiles pour le cerveau en formation) ou 5 g de beurre par jour
• Fruits : 1 par jour de taille moyenne

Entre 9 et 10 mois

• Lait maternel : à la demande
• Préparation de suite : 2 biberons par jour pour un total d'environ 500 ml
• Produits laitiers : jusqu'à 1 par jour soit 100 g de yaourt ou de lait
• Légumes : 1 à 2 fois par jour (environ 170 g par jour)
• Aliments farineux : 2 à 3 fois par jour soit 60 g de pommes de terre par jour ou 30 g de pâtes ou 20 g de pain
• Viande, poisson, œufs : une fois par jour soit 15 à 20 g par portion de viande ou poisson (1 cuillerée à soupe) ou ½ œuf
• Huiles et matières grasses : 2 cuillerées à café par jour en privilégiant toujours l'huile de colza ou de noix toujours pour leurs richesses en oméga 3
• Fruits : 1 à 2 par jour soit 130 g par jour environ

Dès 12 mois

• Lait maternel : à la demande (allaiter permet de prévenir les allergies mais ne peut pas les éviter)
• Préparation de suite : 3 à 4 portions par jour soit par portion 100 g de lait ou yaourt ou 150 g de lait de suite ou 15 g de fromage à pâte dure ou 30 g de fromage à pâte molle
• Légumes : 3 portions par jour soit 180 à 200 g en moyenne
• Aliments farineux : 3 à 4 portions par jour soit 60 à 75 g de pommes de terre ou 30 g de pâtes cuites
• Viande, poisson, œuf : 1 portion de 40 g par jour soit 1 œuf
• Huiles, matières grasses : 2 à 3 cuillerées à café par jour dont 1 cuillerée d'huile de colza et on peut introduire dans les matières grasses 1 cuillerée à café de fruits oléagineux (non salés) type noix, noisettes, amandes tout cela moulu. On surveille les allergies.
• Fruits : 2 portions par jour soit 130 g en moyenne

Par Arnaud Cocaul, médecin nutritionniste

Sommaire

4-5 mois

Compote 1 goût

pomme

5 MIN | 15 MIN | 1 PORTION

50 g de pomme (1 petite)

1. Éplucher et laver la pomme. La couper en cubes en retirant le trognon et les placer dans le panier du robot. Verser l'eau dans la cuve jusqu'au niveau 3 et faire cuire 15 minutes.
2. Réserver l'eau de cuisson et mettre les morceaux cuits dans la cuve du mixeur. Mixer en ajoutant un peu d'eau de cuisson jusqu'à ce que la purée soit bien lisse.

poire

5 MIN | 15 MIN | 1 PORTION

50 g de poire (1 petite)

1. Éplucher et laver la poire. La couper en cubes en retirant le trognon et les placer dans le panier du robot. Verser l'eau dans la cuve jusqu'au niveau 3 et faire cuire 15 minutes.
2. Réserver l'eau de cuisson et mettre les morceaux cuits dans la cuve du mixeur. Mixer en ajoutant un peu d'eau de cuisson jusqu'à ce que la purée soit bien lisse.

Compote 1 goût

banane

5 MIN | 15 MIN | 1 PORTION

50 g de banane (1 petite)

1. Éplucher la banane. La couper en rondelles et les placer dans le panier du robot. Verser l'eau dans la cuve jusqu'au niveau 3 et faire cuire 15 minutes.
2. Réserver l'eau de cuisson et mettre les morceaux cuits dans la cuve du mixeur. Mixer en ajoutant un peu d'eau de cuisson jusqu'à ce que la purée soit bien lisse.

pêche

5 MIN | 15 MIN | 1 PORTION

50 g de pêche (1 petite)

1. Éplucher et laver la pêche. La dénoyauter et la couper en morceaux. La placer dans le panier du robot. Verser l'eau dans la cuve jusqu'au niveau 3 et faire cuire 15 minutes.
2. Réserver l'eau de cuisson et mettre les morceaux cuits dans la cuve du mixeur. Mixer en ajoutant un peu d'eau de cuisson jusqu'à ce que la purée soit bien lisse.

Compote 1 goût

coing

5 MIN | 15 MIN | 1 PORTION

50 g de coing
(1/2 pièce environ)

1. Éplucher et laver le coing. Le couper en morceaux et les placer dans le panier du robot. Verser l'eau dans la cuve jusqu'au niveau 3 et faire cuire 15 minutes.
2. Réserver l'eau de cuisson et mettre les morceaux cuits dans la cuve du mixeur. Mixer en ajoutant un peu d'eau de cuisson jusqu'à ce que la purée soit bien lisse.

mirabelles

5 MIN | 15 MIN | 1 PORTION

50 g de mirabelles
(5 pièces environ)

1. Laver les mirabelles, les dénoyauter et les couper en quartiers. Placer les morceaux dans le panier du robot. Verser l'eau dans la cuve jusqu'au niveau 3 et faire cuire 15 minutes.
2. Réserver l'eau de cuisson et mettre les morceaux cuits dans la cuve du mixeur. Mixer en ajoutant un peu d'eau de cuisson jusqu'à ce que la purée soit bien lisse.

Compote 1 goût

quetsches

5 MIN | 15 MIN | 1 PORTION

50 g de quetsches
(4 pièces environ)

1. Laver les quetsches, les dénoyauter et les couper en quartiers. Les placer dans le panier du robot. Verser l'eau dans la cuve jusqu'au niveau 3 et faire cuire 15 minutes.

2. Réserver l'eau de cuisson et mettre les morceaux cuits dans la cuve du mixeur. Mixer en ajoutant un peu d'eau de cuisson jusqu'à ce que la purée soit bien lisse.

abricots

5 MIN | 15 MIN | 1 PORTION

50 g d'abricots
(3 pièces environ)

1. Éplucher et laver les abricots. Les dénoyauter et les couper en morceaux. Placer dans le panier du robot. Verser l'eau dans la cuve jusqu'au niveau 3 et faire cuire 15 minutes.

2. Réserver l'eau de cuisson et mettre les morceaux cuits dans la cuve du mixeur. Mixer en ajoutant un peu d'eau de cuisson jusqu'à ce que la purée soit bien lisse.

Compote 2 goûts

nectarine verveine

5 MIN | 15 MIN | 1 PORTION

50 g de nectarine (1 pièce)

4 feuilles de verveine séchée

1. Éplucher et laver la nectarine. La dénoyauter et la couper en morceaux. Les placer dans le panier du robot. Verser l'eau dans la cuve jusqu'au niveau 3 et mettre la verveine. Faire cuire 15 minutes.
2. Réserver l'eau de cuisson et mettre les morceaux cuits dans la cuve du mixeur. Mixer avec un peu d'eau de cuisson.

pomme tilleul

5 MIN | 15 MIN | 1 PORTION

50 g de pomme (1 petite)

4 feuilles de tilleul séché

1. Éplucher et laver la pomme. La couper en morceaux en retirant le trognon et les placer dans le panier du robot. Verser l'eau dans la cuve jusqu'au niveau 3 et mettre le tilleul. Faire cuire 15 minutes.
2. Réserver l'eau de cuisson et mettre les morceaux cuits dans la cuve du mixeur. Mixer en ajoutant un peu d'eau de cuisson jusqu'à ce que la purée soit bien lisse.

Compote 2 goûts

pomme poire

5 MIN | 15 MIN | 1 PORTION

25 g de pomme

25 g de poire

1. Laver et éplucher les fruits. Les couper en morceaux en retirant les trognons. Les placer dans le panier du robot. Verser l'eau dans la cuve jusqu'au niveau 3 et faire cuire 15 minutes.
2. Réserver l'eau de cuisson et mettre les morceaux cuits dans la cuve du mixeur. Mixer en ajoutant un peu d'eau de cuisson jusqu'à ce que la purée soit bien lisse.

abricot poire verveine

5 MIN | 15 MIN | 1 PORTION

25 g d'abricot

25 g de poire

3 feuilles de verveine séchée

1. Laver et éplucher les fruits. Dénoyauter et couper l'abricot en morceaux. Couper la poire en morceaux en retirant le trognon. Placer les fruits dans le panier du robot. Verser l'eau dans la cuve jusqu'au niveau 3, ajouter la verveine dans l'eau et faire cuire 15 minutes.
2. Réserver l'eau de cuisson et mettre les morceaux cuits dans la cuve du mixeur. Mixer en ajoutant un peu d'eau de cuisson jusqu'à ce que la purée soit bien lisse.

Compote 2 goûts

pomme reine-claude

5 MIN | 15 MIN | 1 PORTION

25 g de pomme

25 g de reine-claude (1 pièce)

1. Laver, éplucher et couper la pomme en morceaux en retirant le trognon. Laver et dénoyauter la reine-claude et la couper en quartiers. Placer les fruits dans le panier du robot. Verser l'eau dans la cuve jusqu'au niveau 3 et faire cuire 15 minutes.
2. Réserver l'eau de cuisson et mettre les morceaux cuits dans la cuve du mixeur. Mixer en ajoutant un peu d'eau de cuisson si nécessaire jusqu'à ce que la purée soit bien lisse.

poire quetsche

5 MIN | 15 MIN | 1 PORTION

25 g de poire

25 g de quetsche (1 pièce)

1. Laver, éplucher et couper la poire en morceaux en retirant le trognon. Laver et dénoyauter la quetsche et la couper en quartiers. Placer les fruits dans le panier du robot. Verser l'eau dans la cuve jusqu'au niveau 3 et faire cuire 15 minutes.
2. Réserver l'eau de cuisson et mettre les morceaux cuits dans la cuve du mixeur. Mixer en ajoutant un peu d'eau de cuisson si nécessaire jusqu'à ce que la purée soit bien lisse.

Compote 2 goûts

pomme banane

5 MIN | 15 MIN | 1 PORTION

25 g de pomme

25 g de banane

1 Laver, éplucher et couper la pomme en morceaux en retirant le trognon. Éplucher et couper en rondelles la banane. Placer les fruits dans le panier du robot. Verser l'eau dans la cuve jusqu'au niveau 3 et faire cuire 15 minutes.

2 Réserver l'eau de cuisson et mettre les morceaux cuits dans la cuve du mixeur. Mixer en ajoutant un peu d'eau de cuisson jusqu'à ce que la purée soit bien lisse.

Compote 2 goûts

pomme cannelle

5 MIN | 15 MIN | 1 PORTION

50 g de pomme

1 pincée de cannelle moulue

1. Laver, éplucher et couper la pomme en morceaux en retirant le trognon. Placer les morceaux dans le panier du robot. Verser l'eau dans la cuve jusqu'au niveau 3 et faire cuire 15 minutes.
2. Réserver l'eau de cuisson et mettre les morceaux cuits dans la cuve du mixeur. Saupoudrer de cannelle. Mixer en ajoutant de l'eau de cuisson si besoin.

abricot banane

5 MIN | 15 MIN | 1 PORTION

25 g d'abricot

25 g de banane

1. Laver, éplucher, dénoyauter et couper en morceaux l'abricot. Éplucher la banane et la couper en rondelles. Placer les fruits dans le panier du robot. Verser l'eau dans la cuve jusqu'au niveau 3 et faire cuire 15 minutes.
2. Réserver l'eau de cuisson et mettre les morceaux cuits dans la cuve du mixeur. Mixer en ajoutant un peu d'eau de cuisson jusqu'à ce que la purée soit bien lisse.

Purée 1 goût

carotte

5 MIN | 15 MIN | 1 PORTION

1 petite carotte (50 g)

1. Éplucher et laver la carotte. La couper en rondelles et les placer dans le panier du robot. Verser l'eau dans la cuve jusqu'au niveau 3 et faire cuire 15 minutes.
2. Réserver l'eau de cuisson et mettre les carottes cuites dans la cuve du mixeur. Mixer en ajoutant un peu d'eau de cuisson jusqu'à ce que la purée soit bien lisse.

patate douce

5 MIN | 15 MIN | 1 PORTION

50 g de patate douce (¼ environ)

1. Éplucher et laver un morceau de patate douce. Le couper en petits cubes et les placer dans le panier du robot. Verser l'eau dans la cuve jusqu'au niveau 3 et faire cuire 15 minutes.
2. Réserver l'eau de cuisson et mettre les cubes cuits dans la cuve du mixeur. Mixer en ajoutant un peu d'eau de cuisson jusqu'à ce que la purée soit bien lisse.

Purée 1 goût

courgette

5 MIN | 10 MIN | 1 PORTION

50 g de courgette (1/2 petite)

1. Éplucher et laver la courgette. La couper en rondelles et les placer dans le panier du robot. Verser l'eau dans la cuve jusqu'au niveau 3 et faire cuire 10 minutes.
2. Réserver l'eau de cuisson et mettre les courgettes cuites dans la cuve du mixeur. Mixer en ajoutant un peu d'eau de cuisson si nécessaire jusqu'à ce que la purée soit bien lisse.

haricots verts

5 MIN | 15 MIN | 1 PORTION

50 g de haricots verts extra-fins

1. Laver et équeuter les haricots verts. Les couper en morceaux et les placer dans le panier du robot. Verser l'eau dans la cuve jusqu'au niveau 3 et faire cuire 15 minutes.
2. Réserver l'eau de cuisson et mettre les haricots verts cuits dans la cuve du mixeur. Mixer en ajoutant un peu d'eau de cuisson si nécessaire jusqu'à ce que la purée soit bien lisse.

Purée 1 goût

potiron

5 MIN | 15 MIN | 1 PORTION

50 g de potiron (1 tranche de 3 cm environ)

1. Éplucher et laver un morceau de potiron. Le couper en petits cubes et les placer dans le panier du robot. Verser l'eau dans la cuve jusqu'au niveau 3 et faire cuire 15 minutes.
2. Réserver l'eau de cuisson et mettre les cubes cuits dans la cuve du mixeur. Mixer en ajoutant un peu d'eau de cuisson jusqu'à ce que la purée soit bien lisse.

panais

5 MIN | 15 MIN | 1 PORTION

50 g de panais (½ environ)

1. Éplucher et laver le panais. Le couper en petits cubes et les placer dans le panier du robot. Verser l'eau dans la cuve jusqu'au niveau 3 et faire cuire 15 minutes.
2. Réserver l'eau de cuisson et mettre les cubes cuits dans la cuve du mixeur. Mixer en ajoutant un peu d'eau de cuisson si nécessaire jusqu'à ce que la purée soit bien lisse.

Purée 1 goût

betterave

5 MIN | 15 MIN | 1 PORTION

50 g de betterave (1/2 environ)

1. Éplucher et laver la betterave. La couper en petits cubes et les placer dans le panier du robot. Verser l'eau dans la cuve jusqu'au niveau 3 et faire cuire 15 minutes.
2. Réserver l'eau de cuisson et mettre les cubes cuits dans la cuve du mixeur. Mixer en ajoutant un peu d'eau de cuisson jusqu'à ce que la purée soit bien lisse.

poireau panais

5 MIN | 15 MIN | 1 PORTION

50 g de blanc de poireau (¼ environ)

100 g de panais

1. Couper le blanc de poireau en rondelles fines et les laver soigneusement. Éplucher et laver le panais. Le couper en cubes. Placer le tout dans le panier du robot. Verser l'eau dans la cuve jusqu'au niveau 3 et faire cuire 15 minutes.
2. Réserver l'eau de cuisson et mettre les légumes cuits dans la cuve du mixeur. Mixer en ajoutant un peu d'eau de cuisson jusqu'à ce que la purée soit bien lisse.

Purée 2 goûts

carotte jaune panais

5 MIN | 15 MIN | 1 PORTION

100 g de carotte jaune (1 petite)

50 g de panais (¼ environ)

1. Éplucher et laver la carotte et le panais. Les couper en rondelles et les mettre dans le panier du robot. Verser l'eau dans la cuve jusqu'au niveau 3 et faire cuire 15 minutes.

2. Réserver l'eau de cuisson et mettre les légumes dans la cuve du mixeur. Mixer en ajoutant un peu d'eau de cuisson jusqu'à ce que la purée soit bien lisse.

carotte épinards

5 MIN | 15 MIN | 1 PORTION

100 g de carotte (1 petite)

50 g de pousses d'épinard

1. Laver la carotte et les pousses d'épinard. Couper la carotte en rondelles. Placer les légumes dans le panier du robot. Verser l'eau dans la cuve jusqu'au niveau 3 et faire cuire 15 minutes.

2. Réserver l'eau de cuisson et mettre les légumes dans la cuve du mixeur. Mixer en ajoutant un peu d'eau de cuisson jusqu'à ce que la purée soit bien lisse.

Purée 2 goûts

patate douce panais

5 MIN | 15 MIN | 1 PORTION

100 g de patate douce (¼ environ)

50 g de panais (¼ environ)

1. Éplucher et laver la patate douce et le panais. Les couper en cubes et les placer dans le panier du robot. Verser l'eau dans la cuve jusqu'au niveau 3 et faire cuire 15 minutes.
2. Réserver l'eau de cuisson et mettre les légumes dans la cuve du mixeur. Mixer en ajoutant un peu d'eau de cuisson jusqu'à ce que la purée soit bien lisse.

patate douce courgette

5 MIN | 15 MIN | 1 PORTION

100 g de patate douce (¼ environ)

50 g de courgette (½ petite)

1. Éplucher et laver la patate douce et la courgette. Les couper en cubes et les mettre dans le panier du robot. Verser l'eau dans la cuve jusqu'au niveau 3 et faire cuire 15 minutes.
2. Réserver l'eau de cuisson et mettre les légumes dans la cuve du mixeur. Mixer en ajoutant un peu d'eau de cuisson jusqu'à ce que la purée soit bien lisse.

Purée 2 goûts

courgette pâtisson

5 MIN | 15 MIN | 1 PORTION

75 g de courgette (1/2 environ)

75 g de pâtisson (¼ environ)

1. Éplucher et laver la courgette et le pâtisson. Les couper en cubes et les placer dans le panier du robot. Verser l'eau dans la cuve jusqu'au niveau 3 et faire cuire 15 minutes.
2. Réserver l'eau de cuisson et mettre les légumes dans la cuve du mixeur. Mixer en ajoutant un peu d'eau de cuisson jusqu'à ce que la purée soit bien lisse.

pâtisson betterave

5 MIN | 15 MIN | 1 PORTION

75 g de pâtisson (¼ environ)

75 g de betterave crue (¼ environ)

1. Éplucher et laver le pâtisson et la betterave. Les couper en cubes et les placer dans le panier du robot. Verser l'eau dans la cuve jusqu'au niveau 3 et faire cuire 15 minutes.
2. Réserver l'eau de cuisson et mettre les légumes dans la cuve du mixeur. Mixer en ajoutant un peu d'eau de cuisson jusqu'à ce que la purée soit bien lisse.

Purée 2 goûts

haricots verts panais

5 MIN | 15 MIN | 1 PORTION

75 g de haricots verts

75 g de panais (¼ environ)

1. Laver et équeuter les haricots verts. Éplucher et laver le panais. Couper les deux légumes en morceaux et les placer dans le panier du robot. Verser l'eau dans la cuve jusqu'au niveau 3 et faire cuire 15 minutes.
2. Réserver l'eau de cuisson et mettre les légumes dans la cuve du mixeur. Mixer en ajoutant un peu d'eau de cuisson jusqu'à ce que la purée soit bien lisse.

haricots verts carotte jaune

5 MIN | 15 MIN | 1 PORTION

75 g de haricots verts

75 g de carotte (1 petite)

1. Laver et équeuter les haricots verts. Éplucher et laver la carotte. Couper les légumes en morceaux et les placer dans le panier du robot. Verser l'eau dans la cuve jusqu'au niveau 3 et faire cuire 15 minutes.
2. Réserver l'eau de cuisson et mettre les légumes dans la cuve du mixeur. Mixer en ajoutant un peu d'eau de cuisson jusqu'à ce que la purée soit bien lisse.

Purée 2 goûts

topinambour carotte

5 MIN | 15 MIN | 1 PORTION

75 g de topinambour (1 pièce environ)

75 g de carotte (1 petite)

1. Éplucher et laver le topinambour et la carotte. Les couper en cubes et les placer dans le panier du robot. Verser l'eau dans la cuve jusqu'au niveau 3 et faire cuire 15 minutes.

2. Réserver l'eau de cuisson et mettre les légumes dans la cuve du mixeur. Mixer en ajoutant un peu d'eau de cuisson jusqu'à ce que la purée soit bien lisse.

sucrine carotte

5 MIN | 15 MIN | 1 PORTION

1 sucrine

1 carotte (petite)

1. Laver la sucrine sous l'eau. Éplucher et laver la carotte. Couper les deux légumes en morceaux et les placer dans le panier du robot. Verser l'eau dans la cuve jusqu'au niveau 3 et faire cuire 15 minutes.

2. Réserver l'eau de cuisson et mettre les légumes dans la cuve du mixeur. Mixer en ajoutant un peu d'eau de cuisson si nécessaire.

Purée 2 goûts

courgette haricots verts

5 MIN | 15 MIN | 1 PORTION

75 g de courgette (½ petite)

75 g de haricots verts

1. Laver et équeuter les haricots verts. Éplucher et laver la courgette. Couper les légumes en morceaux et les placer dans le panier du robot. Verser l'eau dans la cuve jusqu'au niveau 3 et faire cuire 15 minutes.
2. Réserver l'eau de cuisson et mettre les légumes dans la cuve du mixeur. Mixer en ajoutant un peu d'eau de cuisson jusqu'à ce que la purée soit bien lisse.

courgette panais

5 MIN | 15 MIN | 1 PORTION

75 g de courgette (½ environ)

75 g de panais (¼ environ)

1. Éplucher et laver la courgette et le panais. Les couper en cubes et les placer dans le panier du robot. Verser l'eau dans la cuve jusqu'au niveau 3 et faire cuire 15 minutes.
2. Réserver l'eau de cuisson et mettre les légumes dans la cuve du mixeur. Mixer en ajoutant un peu d'eau de cuisson jusqu'à ce que la purée soit bien lisse.

Purée 2 goûts

courgette céleri-rave

5 MIN | 15 MIN | 1 PORTION

75 g de courgette
(½ environ)

75 g de céleri-rave
(1 tranche de 3 cm
environ)

1. Éplucher et laver la courgette et le céleri-rave. Les couper en cubes et les placer dans le panier du robot. Verser l'eau dans la cuve jusqu'au niveau 3 et faire cuire 15 minutes.
2. Réserver l'eau de cuisson et mettre les légumes dans la cuve du mixeur. Mixer en ajoutant un peu d'eau de cuisson jusqu'à ce que la purée soit bien lisse.

céleri-rave poire

5 MIN | 15 MIN | 1 PORTION

75 g céleri-rave
(1 tranche de 3 cm
environ)

75 g de poire Comice
(½ environ)

1. Éplucher et laver le céleri-rave et la poire. Les couper en cubes, retirer le trognon de la poire et les placer dans le panier du robot. Verser l'eau dans la cuve jusqu'au niveau 3 et faire cuire 15 minutes.
2. Réserver l'eau de cuisson et mettre les morceaux cuits dans la cuve du mixeur. Mixer en ajoutant un peu d'eau de cuisson si nécessaire jusqu'à ce que la purée soit bien lisse.

Purée 2 goûts

betterave carotte

10 MIN | 15 MIN | 1 PORTION

75 g de betterave
(¾ de pièce environ)

25 g de carotte (1 petite)

1. Éplucher et laver la betterave et la carotte. Les couper en morceaux. Les placer dans le panier du robot.

2. Verser l'eau dans la cuve jusqu'au niveau 3 et faire cuire 15 minutes. Réserver l'eau de cuisson et mettre les légumes cuits dans la cuve du mixeur. Mixer en ajoutant un peu d'eau de cuisson si nécessaire jusqu'à ce que la purée soit bien lisse.

Purée 3 goûts

carotte panais céleri-rave

5 MIN | 15 MIN | 1 PORTION

75 g de carotte (1 petite)

25 g de panais

25 g de céleri-rave

1. Éplucher et laver tous les légumes racines. Les couper en cubes et les placer dans le panier du robot. Verser l'eau dans la cuve jusqu'au niveau 3 et faire cuire 15 minutes.

2. Réserver l'eau de cuisson et mettre les morceaux cuits dans la cuve du mixeur. Mixer en ajoutant un peu d'eau de cuisson si nécessaire jusqu'à ce que la purée soit bien lisse.

Purée 3 goûts

carotte betterave blanc de poireau

5 MIN | 15 MIN | 1 PORTION

75 g de carotte (1 petite)

25 g de betterave (¼ environ)

25 g de blanc de poireau

1. Éplucher et laver la carotte et la betterave. Les couper en cubes. Couper le blanc de poireau en rondelles et les laver soigneusement. Placer les légumes dans le panier du robot. Verser l'eau dans la cuve jusqu'au niveau 3 et faire cuire 15 minutes.

2. Réserver l'eau de cuisson et mettre les morceaux cuits dans la cuve du mixeur. Mixer en ajoutant un peu d'eau de cuisson si nécessaire jusqu'à ce que la purée soit bien lisse.

Purée 3 goûts

courgette carotte topinambour

5 MIN | 15 MIN | 1 PORTION

50 g de courgette (½ petite)

50 g de carotte (1 petite)

20 g de topinambour

1. Éplucher et laver tous les légumes. Les couper en cubes et les placer dans le panier du robot. Verser l'eau dans la cuve jusqu'au niveau 3 et faire cuire 15 minutes.

2. Réserver l'eau de cuisson et mettre les morceaux cuits dans la cuve du mixeur. Mixer en ajoutant un peu d'eau de cuisson si nécessaire jusqu'à ce que la purée soit bien lisse.

Purée 3 goûts

panais pomme courgette

5 MIN | 15 MIN | 1 PORTION

70 g de panais

25 g de pomme

25 g de courgette

1. Éplucher et laver le panais, la pomme et la courgette. Retirer le trognon de la pomme. Les couper en cubes et les placer dans le panier du robot. Verser l'eau dans la cuve jusqu'au niveau 3 et faire cuire 15 minutes.

2. Réserver l'eau de cuisson et mettre les morceaux cuits dans la cuve du mixeur. Mixer en ajoutant un peu d'eau de cuisson si nécessaire jusqu'à ce que la purée soit bien lisse.

Purée 3 goûts

haricots verts patate douce céleri-rave

10 MIN | 15 MIN | 1 PORTION

40 g de haricots verts

40 g de patate douce

40 g de céleri-rave

1. Laver, équeuter et couper les haricots verts. Laver, éplucher et couper la patate douce et le céleri-rave en cubes. Placer tous les légumes dans le panier du robot. Verser l'eau dans la cuve jusqu'au niveau 3 et faire cuire 15 minutes.

2. Réserver l'eau de cuisson et mettre les morceaux cuits dans la cuve du mixeur. Mixer en ajoutant un peu d'eau de cuisson si nécessaire jusqu'à ce que la purée soit bien lisse.

Purée 3 goûts

pâtisson betterave courgette

10 MIN | 15 MIN | 1 PORTION

60 g de pâtisson

30 g de betterave (¼ environ)

30 g de courgette

1. Éplucher, laver et couper le pâtisson, la betterave et la courgette en cubes. Placer tous les légumes dans le panier du robot.

2. Verser l'eau dans la cuve jusqu'au niveau 3 et faire cuire 15 minutes. Réserver l'eau de cuisson et mettre les morceaux cuits dans la cuve du mixeur. Mixer en ajoutant un peu d'eau de cuisson si nécessaire jusqu'à ce que la purée soit bien lisse.

Purée 3 goûts

pâtisson céleri-rave potimarron

10 MIN | 15 MIN | 1 PORTION

30 g de pâtisson

30 g de céleri-rave

60 g de potimarron

1. Éplucher, laver et couper le pâtisson, le céleri-rave et le potimarron en cubes. Placer tous les légumes dans le panier du robot.
2. Verser l'eau dans la cuve jusqu'au niveau 3 et faire cuire 15 minutes. Réserver l'eau de cuisson et mettre les morceaux cuits dans la cuve du mixeur. Mixer en ajoutant un peu d'eau de cuisson si nécessaire jusqu'à ce que la purée soit bien lisse.

6 à 8 mois

Midi

Veau au céleri-rave & pomme

5 MIN | 15 MIN | 1 PORTION

100 g de céleri-rave

60 g de pomme

20 g de filet de veau

1. Éplucher le céleri-rave et la pomme, les laver et les couper en cubes. Couper le filet de veau en petits morceaux. Placer tous les ingrédients dans le panier du robot.

2. Verser l'eau dans la cuve jusqu'au niveau 3 et faire cuire 15 minutes.

3. Réserver l'eau de cuisson et mettre les morceaux cuits dans la cuve du mixeur. Mixer en ajoutant un peu d'eau de cuisson si nécessaire jusqu'à ce que la purée soit bien lisse.

Midi

Purée de carotte & jambon blanc

5 MIN | 15 MIN | 1 PORTION

70 g de carotte

40 g de fenouil

50 g de pomme de terre

10 g de jambon blanc

1. Éplucher la carotte et la pomme de terre, les laver et les couper en cubes. Laver le fenouil et le couper en deux. Prélever son cœur et le couper en morceaux. Placer les légumes dans le panier du robot.
2. Verser l'eau dans la cuve jusqu'au niveau 3 et faire cuire 15 minutes.
3. Réserver l'eau de cuisson et mettre les morceaux cuits dans la cuve du mixeur. Ajouter le jambon blanc coupé en morceaux. Mixer en ajoutant un peu d'eau de cuisson si nécessaire jusqu'à ce que la purée soit bien lisse.

Midi

Purée de courgette, panais & jaune d'œuf

5 MIN | 15 MIN | 1 PORTION

60 g de courgette

100 g de panais

1 œuf
(1/4 de jaune cuit)

1. Éplucher la courgette et le panais, les laver et les couper en cubes. Les placer dans le panier du robot.
2. Verser l'eau dans la cuve jusqu'au niveau 3 et faire cuire 15 minutes. Faire cuire l'œuf dur dans une casserole d'eau bouillante pendant 9 minutes.
3. Réserver l'eau de cuisson et mettre les légumes dans la cuve du mixeur. Ajouter ¼ du jaune d'œuf cuit. Mixer en ajoutant un peu d'eau de cuisson si nécessaire jusqu'à ce que la purée soit bien lisse.

Midi

Cabillaud à la betterave

5 MIN | 15 MIN | 1 PORTION

100 g de carotte

60 g de betterave

20 g de riz cuit

10 g de dos de cabillaud (sans arêtes)

1. Éplucher la carotte et la betterave, les laver et les couper en cubes. Rincer le riz sous l'eau froide. Laver, essuyer et couper le dos de cabillaud en morceaux. Placer tous les ingrédients dans le panier du robot.
2. Verser l'eau dans la cuve jusqu'au niveau 3 et faire cuire 15 minutes.
3. Réserver l'eau de cuisson et mettre les morceaux cuits dans la cuve du mixeur. Mixer en ajoutant un peu d'eau de cuisson si nécessaire jusqu'à ce que la purée soit bien lisse.

Midi

Purée de céleri-rave, poire & veau

5 MIN | 15 MIN | 1 PORTION

80 g de céleri-rave

80 g de poire

15 g de filet de veau

1. Éplucher le céleri-rave et la poire, les laver. Les couper en cubes ainsi que le filet de veau. Retirer le trognon de la poire. Placer tous les ingrédients dans le panier du robot.
2. Verser l'eau dans la cuve jusqu'au niveau 3 et faire cuire 15 minutes.
3. Réserver l'eau de cuisson et mettre les morceaux cuits dans la cuve du mixeur. Mixer en ajoutant un peu d'eau de cuisson si nécessaire jusqu'à ce que la purée soit bien lisse.

Purée de betterave, panais & bœuf

5 MIN | 15 MIN | 1 PORTION

80 g de betterave

80 g de panais

15 g de filet de bœuf

1. Éplucher la betterave et le panais, les laver. Les couper en cubes ainsi que le filet de bœuf. Placer tous les ingrédients dans le panier du robot.
2. Verser l'eau dans la cuve jusqu'au niveau 3 et faire cuire 15 minutes.
3. Réserver l'eau de cuisson et mettre les morceaux cuits dans la cuve du mixeur. Mixer en ajoutant un peu d'eau de cuisson si nécessaire jusqu'à ce que la purée soit bien lisse.

Midi

Agneau à l'aubergine

10 MIN | 15 MIN | 1 PORTION

60 g d'aubergine

100 g de courgette

15 g de filet d'agneau

1. Éplucher l'aubergine et la courgette, les laver. Les couper en cubes ainsi que le filet d'agneau. Placer tous les ingrédients dans le panier du robot.
2. Verser l'eau dans la cuve jusqu'au niveau 3 et faire cuire 15 minutes.
3. Réserver l'eau de cuisson et mettre les morceaux cuits dans la cuve du mixeur. Mixer en ajoutant un peu d'eau de cuisson si nécessaire jusqu'à ce que la purée soit bien lisse.

Purée fenouil, tomate & Kiri®

5 MIN | 15 MIN | 1 PORTION

100 g de fenouil

60 g de tomate

1 portion de Kiri®

1. Laver le fenouil, le couper en deux, prélever son cœur et le couper en morceaux. Laver la tomate et l'éplucher à l'aide d'un économe. Placer les légumes dans le panier du robot.
2. Verser l'eau dans la cuve jusqu'au niveau 3 et faire cuire 15 minutes.
3. Réserver l'eau de cuisson. Mettre les morceaux cuits dans la cuve du mixeur et ajouter la portion de Kiri®. Mixer en ajoutant un peu d'eau de cuisson si nécessaire jusqu'à ce que la purée soit bien lisse.

Midi

Purée de poivron, jambon & parmesan

5 MIN | 15 MIN | 1 PORTION

160 g de poivron

15 g de parmesan

10 g de jambon blanc

1. Laver le poivron, l'éplucher à l'aide d'un couteau économe et le couper en cubes. Couper le jambon en morceaux. Placer le poivron dans le panier du robot.
2. Verser l'eau dans la cuve jusqu'au niveau 3 et faire cuire 15 minutes.
3. Réserver l'eau de cuisson et mettre les poivrons cuits dans la cuve du mixeur. Ajouter les morceaux de jambon et le parmesan fraîchement râpé. Mixer en ajoutant un peu d'eau de cuisson si nécessaire jusqu'à ce que la purée soit bien lisse.

Midi

Purée cresson & jambon

10 MIN | 15 MIN | 1 PORTION

60 g de cresson

60 g de panais

50 g de pomme de terre

15 g de jambon blanc

1 c. à café d'huile d'olive

1. Éplucher et laver la pomme de terre et le panais. Laver soigneusement les feuilles de cresson. Couper la pomme de terre et le panais en petits morceaux. Placer les légumes dans le panier du robot.
2. Verser l'eau dans la cuve jusqu'au niveau 3 et faire cuire 15 minutes.
3. Réserver l'eau de cuisson et mettre les morceaux cuits dans la cuve du mixeur. Ajouter le jambon blanc coupé en morceaux. Mixer en ajoutant un peu d'eau de cuisson si nécessaire jusqu'à obtenir la consistance souhaitée. Ajouter l'huile d'olive et mélanger.

Vous pouvez aussi écraser à la fourchette quelques morceaux de panais et de pomme de terre pour obtenir une consistance moins lisse.

Purée orange riz & veau

10 MIN | 15 MIN | 1 PORTION

100 g de carotte

70 g de courge butternut

25 g de riz cuit

15 g de filet de veau

1 c. à café de beurre

1. Éplucher, laver et couper la carotte en morceaux. Éplucher la courge à l'aide d'un économe et la couper en morceaux. Couper le filet de veau en morceaux. Placer les légumes et la viande dans le panier du robot.
2. Verser l'eau dans la cuve jusqu'au niveau 3 et faire cuire 15 minutes.
3. Réserver l'eau de cuisson et mettre les morceaux cuits dans la cuve du mixeur. Ajouter le riz et le beurre. Mixer en ajoutant un peu d'eau de cuisson si nécessaire jusqu'à obtenir la consistance souhaitée.

Vous pouvez garder 1 c. à café de riz entier et l'ajouter à la purée lisse.

Purée d'aubergine, pâtes & filet de bœuf

10 MIN | 15 MIN | 1 PORTION

50 g d'aubergine

100 g de carotte

25 g de pâtes cuites

15 g de filet de bœuf

1 c. à café d'huile d'olive

1. Éplucher, laver et couper la carotte en morceaux. Éplucher l'aubergine à l'aide d'un économe et la couper en morceaux. Couper le filet de bœuf en morceaux. Placer les légumes et la viande dans le panier du robot.
2. Verser l'eau dans la cuve jusqu'au niveau 3 et faire cuire 15 minutes.
3. Réserver l'eau de cuisson et mettre les morceaux de carotte, la viande et les pâtes cuites dans la cuve du mixeur. Ajouter l'huile et mixer avec un peu d'eau de cuisson si nécessaire pour obtenir une consistance bien lisse.
4. Écraser l'aubergine à la fourchette et l'ajouter à la purée.

Purée de carotte, millet & veau

10 MIN | 15 MIN | 1 PORTION

170 g de carotte

25 g de millet cuit

15 g de filet de veau

1 c. à café d'huile d'olive

2 branches de thym

1. Éplucher, laver et couper la carotte en morceaux. Couper le filet de veau en morceaux. Placer les morceaux de carotte et de veau dans le panier du robot.
2. Verser l'eau dans la cuve jusqu'au niveau 3, ajouter les branches de thym et faire cuire 15 minutes.
3. Réserver l'eau de cuisson, retirer les branches de thym et mettre les morceaux cuits dans la cuve du mixeur. Ajouter le millet cuit et l'huile d'olive. Mixer jusqu'à obtenir la consistance souhaitée.

Vous pouvez garder 1 c. à café de millet entier et l'ajouter à la purée lisse.

Midi

Petit bortsch

10 MIN | 15 MIN | 1 PORTION

70 g de betterave crue

100 g de carotte

25 g d'orge cuite

15 g de filet de bœuf

1 c. à café de beurre

2 branches d'aneth

1. Éplucher, laver et couper la carotte et la betterave en morceaux. Laver soigneusement l'aneth et le hacher. Couper le filet de bœuf en morceaux. Placer les légumes, l'aneth et les morceaux de viande dans le panier du robot.
2. Verser l'eau dans la cuve jusqu'au niveau 3 et faire cuire 15 minutes.
3. Réserver l'eau de cuisson et mettre les morceaux cuits dans la cuve du mixeur. Ajouter l'orge cuite et le beurre. Mixer jusqu'à obtenir la consistance souhaitée.

Vous pouvez écraser une partie de la carotte à la fourchette et l'ajouter à la purée lisse.

Midi

Poulet au curry

10 MIN | 15 MIN | 1 PORTION

100 g de chou-fleur

70 g de potimarron

25 g de riz cuit

15 g de blanc de poulet

1 c. à soupe
de crème liquide

1 pincée de curry doux
moulu

1. Laver le chou-fleur et le détailler en petits bouquets. Éplucher, laver et couper le potimarron en morceaux. Couper le poulet en morceaux. Placer les bouquets de chou-fleur et les morceaux de potimarron dans le panier du robot. Saupoudrer du curry. Ajouter les morceaux de poulet.

2. Verser l'eau dans la cuve jusqu'au niveau 3 et faire cuire 15 minutes.

3. Réserver l'eau de cuisson et mettre les morceaux cuits dans la cuve du mixeur. Ajouter le riz et la crème. Mixer en ajoutant 1 à 2 c. à soupe d'eau de cuisson si nécessaire jusqu'à obtenir la consistance souhaitée.

Vous pouvez garder 1 c. à café de riz entier et l'ajouter à la purée lisse.

Purée de brocoli, maïs & parmesan

5 MIN | 15 MIN | 1 PORTION

100 g de brocoli

60 g de maïs (cru)

15 g de parmesan

1. Laver le brocoli et le détailler en petits bouquets. Prélever les grains de maïs à l'aide d'un couteau. Placer les légumes dans le panier du robot.
2. Verser l'eau dans la cuve jusqu'au niveau 3 et faire cuire 15 minutes.
3. Réserver l'eau de cuisson et mettre les morceaux cuits dans la cuve du mixeur. Ajouter le parmesan fraîchement râpé. Mixer en ajoutant un peu d'eau de cuisson si nécessaire jusqu'à ce que la purée soit bien lisse.

Pâtes au saumon & brocoli

10 MIN | 15 MIN | 1 PORTION

70 g de brocoli

100 g de haricots verts

25 g de pâtes cuites

10 g de saumon

10 g de parmesan râpé

1 c. à café d'huile d'olive

1. Laver le brocoli et le détailler en petits bouquets. Équeuter et laver les haricots verts. Couper les légumes en morceaux et les placer avec le saumon dans le panier du robot.

2. Verser l'eau dans la cuve jusqu'au niveau 3 et faire cuire 15 minutes.

3. Réserver l'eau de cuisson et mettre les morceaux cuits dans la cuve du mixeur. Ajouter les pâtes cuites, le parmesan râpé et l'huile d'olive. Mixer en ajoutant 1 à 2 c. à soupe d'eau de cuisson si nécessaire jusqu'à obtenir la consistance souhaitée.

Vous pouvez écraser à la fourchette quelques morceaux de brocoli et l'ajouter à la purée lisse.

Midi

Lotte aux petits pois

10 MIN | 15 MIN | 1 PORTION

170 g de petits pois (frais ou surgelés)

25 g de pâtes cuites

10 g de lotte

1 c. à café de parmesan râpé

1 c. à café d'huile d'olive

3 feuilles de basilic

1. Laver les feuilles de basilic. Placer les petits pois et la lotte dans le panier du robot.
2. Verser l'eau dans la cuve jusqu'au niveau 3 et faire cuire 15 minutes.
3. Réserver l'eau de cuisson et mettre les petits pois et le poisson cuits dans la cuve du mixeur. Ajouter les pâtes cuites, le parmesan râpé, les feuilles de basilic et l'huile d'olive. Mixer en ajoutant 1 à 2 c. à soupe d'eau de cuisson si nécessaire jusqu'à obtenir la consistance souhaitée.

Bœuf à la tomate et au potimarron

10 MIN | 15 MIN | 1 PORTION

120 g de potimarron

50 g de tomates cerise

25 g de riz cuit

15 g de filet de bœuf

1 c. à café d'huile d'olive

1 branche de thym

1. Éplucher le potimarron à l'aide d'un économe et le couper en morceaux. Laver les tomates cerise et les couper en dés. Placer les légumes et le bœuf dans le panier du robot.

2. Verser l'eau dans la cuve jusqu'au niveau 3, ajouter la branche de thym et faire cuire 15 minutes.

3. Réserver l'eau de cuisson et mettre les morceaux cuits dans la cuve du mixeur en retirant la branche de thym. Ajouter le riz et l'huile d'olive. Mixer en ajoutant 1 à 2 c. à soupe d'eau de cuisson si nécessaire jusqu'à obtenir la consistance souhaitée.

Purée de carotte, poireau & veau

10 MIN | 15 MIN | 1 PORTION

100 g de carotte

70 g de blanc de poireau

25 g de riz cuit

15 g de filet de veau

1 c. à soupe de crème fraîche

4 feuilles de persil plat

1. Éplucher, laver et couper la carotte en morceaux. Couper le blanc de poireau en rondelles et les laver soigneusement. Laver les feuilles de persil. Placer les légumes, le persil et le veau dans le panier du robot.

2. Verser l'eau dans la cuve jusqu'au niveau 3 et faire cuire 15 minutes.

3. Réserver l'eau de cuisson et mettre les morceaux cuits dans la cuve du mixeur. Ajouter le riz et la crème fraîche. Mixer jusqu'à obtenir la consistance souhaitée.

Midi

Merlan au pâtisson & quinoa

10 MIN | 15 MIN | 1 PORTION

100 g de pâtisson

70 g de carotte

25 g de quinoa cuit

15 g de merlan (sans arêtes)

1 c. à café d'huile d'olive

1 petite branche d'aneth

1. Éplucher, laver et enlever les graines du pâtisson. Couper la chair en morceaux. Éplucher, laver et couper la carotte en morceaux. Laver l'aneth. Placer les légumes, l'aneth et le merlan dans le panier du robot.
2. Verser l'eau dans la cuve jusqu'au niveau 3 et faire cuire 15 minutes.
3. Réserver l'eau de cuisson et mettre les morceaux cuits dans la cuve du mixeur. Ajouter le quinoa cuit et l'huile d'olive. Mixer en ajoutant 1 à 2 c. à soupe d'eau de cuisson si nécessaire jusqu'à obtenir la consistance souhaitée.

Vous pouvez garder 1 c. à café de quinoa entier et l'ajouter à la purée lisse.

Veau aux légumes du soleil

10 MIN | 15 MIN | 1 PORTION

70 g de poivron rouge

100 g de tomates cerise

25 g de pâtes

15 g d'escalope de veau

1 c. à soupe de mascarpone

1 c. à café d'huile d'olive

2 feuilles de basilic

1. Éplucher la peau du poivron (partie indigeste) à l'aide d'un économe et le couper en morceaux. Laver et couper les tomates cerise en dés. Laver les feuilles de basilic. Placer les légumes et la viande dans le panier du robot.
2. Verser l'eau dans la cuve jusqu'au niveau 3 et faire cuire 15 minutes.
3. Réserver l'eau de cuisson et mettre les morceaux cuits dans la cuve du mixeur. Ajouter les pâtes cuites, les feuilles de basilic, le mascarpone et l'huile d'olive. Mixer en ajoutant 1 à 2 c. à soupe d'eau de cuisson si nécessaire jusqu'à obtenir la consistance souhaitée.

Midi

Poulet aux épinards & petites pâtes

10 MIN | 15 MIN | 1 PORTION

170 g de pousses d'épinard

1 c. à café d'échalotes hachées finement

25 g de pâtes cuites

15 g de blanc de poulet

1 c. à soupe de mascarpone

1 c. à café d'huile d'olive

1. Laver soigneusement les pousses d'épinard. Les placer avec l'échalote et le blanc de poulet dans le panier du robot.
2. Verser l'eau dans la cuve jusqu'au niveau 3 et faire cuire 15 minutes.
3. Réserver l'eau de cuisson et mettre les morceaux cuits dans la cuve du mixeur. Ajouter les pâtes cuites et le mascarpone. Ajouter l'huile et mixer avec 1 à 2 c. à soupe d'eau de cuisson si nécessaire pour obtenir la consistance souhaitée.

Midi

Œuf aux champignons

15 MIN | 15 MIN | 1 PORTION

50 g de champignons de Paris

70 g de céleri-rave

50 g de pomme de terre

1 œuf dur (9 min de cuisson)

1 c. à café d'huile de tournesol

4 feuilles de persil plat

1. Laver et couper en morceaux les champignons de Paris. Éplucher, laver et couper en morceaux le céleri-rave et la pomme de terre. Laver les feuilles de persil. Placer les légumes dans le panier du robot.

2. Verser l'eau dans la cuve jusqu'au niveau 3 et faire cuire 15 minutes.

3. Réserver l'eau de cuisson et mettre les morceaux cuits dans la cuve du mixeur. Ajouter les feuilles de persil et l'huile. Mixer avec 1 à 2 c. à soupe d'eau de cuisson si nécessaire jusqu'à l'obtention de la consistance souhaitée. Râper 1/3 d'œuf dur par-dessus.

Vous pouvez aussi écraser à la fourchette quelques morceaux de pomme de terre.

Midi

Poulet au maïs & pomme de terre

10 MIN | 15 MIN | 1 PORTION

120 g de maïs (cru ou en conserve)

50 g de pomme de terre

15 g de blanc de poulet

4 feuilles de persil

1 c. à café de beurre

1. Éplucher, laver et couper la pomme de terre en morceaux. Prélever les grains de maïs à l'aide d'un couteau (tenir fermement l'épi et couper les grains en longeant la tige). Laver les feuilles de persil. Placer les légumes, le persil et le poulet dans le panier du robot.
2. Verser l'eau dans la cuve jusqu'au niveau 3 et faire cuire 15 minutes.
3. Réserver l'eau de cuisson et mettre les morceaux cuits dans la cuve du mixeur. Ajouter le beurre. Mixer jusqu'à obtenir la consistance souhaitée.

Goûter

Compote carotte pomme cannelle

5 MIN | 15 MIN | 1 PORTION

50 g de carotte

50 g de pomme

1 pincée de cannelle moulue

1. Éplucher la carotte et la pomme, les laver et les couper en morceaux. Retirer le trognon de la pomme. Les placer dans le panier du robot.
2. Verser l'eau dans la cuve jusqu'au niveau 3 et faire cuire 15 minutes.
3. Réserver l'eau de cuisson. Mettre les morceaux cuits dans la cuve du mixeur et saupoudrer de cannelle. Mixer en ajoutant un peu d'eau de cuisson si nécessaire jusqu'à ce que la compote soit bien lisse.

Compote pomme figue

80 g de pomme

20 g de figue

5 MIN | 15 MIN | 1 PORTION

1. Laver, éplucher et couper la pomme en morceaux. Retirer le trognon. Prélever la pulpe de la figue. Placer les fruits dans le panier du robot.
2. Verser l'eau dans la cuve jusqu'au niveau 3 et faire cuire 15 minutes.
3. Réserver l'eau de cuisson et mettre les morceaux cuits dans la cuve du mixeur. Mixer en ajoutant un peu d'eau de cuisson si nécessaire jusqu'à ce que la compote soit bien lisse.

Goûter

Compote figue poire cannelle

5 MIN | 15 MIN | 1 PORTION

50 g de figue

50 g de poire

1 pincée de cannelle moulue

1. Laver, éplucher et couper la poire en morceaux. Retirer le trognon. Prélever la pulpe des figues. Placer les morceaux dans le panier du robot.
2. Verser l'eau dans la cuve jusqu'au niveau 3 et faire cuire 15 minutes.
3. Réserver l'eau de cuisson. Mettre les morceaux cuits dans la cuve du mixeur et saupoudrer de cannelle.
4. Mixer en ajoutant un peu d'eau de cuisson si nécessaire jusqu'à ce que la compote soit bien lisse.

Goûter

Compote quetsches mûres clou de girofle

5 MIN | 15 MIN | 1 PORTION

50 g de quetsches

50 g de mûres

1 pincée de clou de girofle moulu

1. Laver les quetsches et les mûres. Dénoyauter les quetsches et les couper en quartiers. Les placer dans le panier du robot avec les mûres.
2. Verser l'eau dans la cuve jusqu'au niveau 3 et faire cuire 15 minutes.
3. Réserver l'eau de cuisson. Mettre les morceaux cuits dans la cuve du mixeur et saupoudrer de clou de girofle.
4. Mixer en ajoutant un peu d'eau de cuisson si nécessaire jusqu'à ce que la compote soit bien lisse.

Compote abricot pomme romarin

5 MIN | 15 MIN | 1 PORTION

50 g d'abricot

50 g de pomme

1 petite branche de romarin

1. Laver et éplucher l'abricot à l'aide d'un économe. Le dénoyauter et le couper en morceaux. Laver, éplucher et couper en morceaux la pomme. Placer les fruits dans le panier du robot.
2. Verser l'eau dans la cuve jusqu'au niveau 3, ajouter la branche de romarin et faire cuire 15 minutes.
3. Réserver l'eau de cuisson, retirer la branche de romarin et mettre les morceaux cuits dans la cuve du mixeur. Mixer en ajoutant un peu d'eau de cuisson si nécessaire jusqu'à ce que la compote soit bien lisse.

Goûter

Compote carotte pomme cannelle yaourt

10 MIN | 15 MIN | 1 PORTION

50 g de carotte

100 g de pomme

1 pincée de cannelle

1 yaourt

1. Éplucher la carotte et la pomme à l'aide d'un économe. Les laver et les couper en morceaux. Retirer le trognon de la pomme. Les placer dans le panier du robot.
2. Verser l'eau dans la cuve jusqu'au niveau 3 et faire cuire 15 minutes.
3. Réserver l'eau de cuisson et mettre les morceaux cuits dans la cuve du mixeur. Saupoudrer de cannelle. Mixer en ajoutant un peu d'eau de cuisson si nécessaire jusqu'à ce que la consistance soit bien lisse.
4. Verser le yaourt dans un bol, couvrir avec la compote et servir.

Compote quetsches petits-suisses

10 MIN | 15 MIN | 1 PORTION

50 g de coing
(1/2 pièce environ)

50 g de quetsches
(4 pièces environ)

1 branche de romarin

2 petits-suisses

1. Laver et éplucher le coing à l'aide d'un économe. Laver, couper en deux et dénoyauter les quetsches. Laver le romarin. Couper les fruits en morceaux. Les placer dans le panier du robot.
2. Verser l'eau dans la cuve jusqu'au niveau 3, ajouter le romarin et faire cuire 15 minutes.
3. Réserver l'eau de cuisson et retirer la branche de romarin. Placer les morceaux cuits dans la cuve du mixeur. Mixer avec un peu d'eau de cuisson si nécessaire pour obtenir une consistance bien lisse.
4. Verser les petits-suisses dans un bol, couvrir avec la compote et servir.

Compote melon framboise yaourt

5 MIN | 15 MIN | 1 PORTION

70 g de melon

30 g de framboises

3 feuilles de verveine séchées

1 yaourt

1. Couper le melon en deux. Enlever les pépins à l'aide d'une cuillère. Couper la chair en cubes. Laver les framboises. Placer les fruits dans le panier du robot.
2. Verser l'eau dans la cuve jusqu'au niveau 3, ajouter les feuilles de verveine et faire cuire 15 minutes.
3. Réserver l'eau de cuisson et retirer les feuilles de verveine. Placer les fruits dans la cuve du mixeur. Mixer en ajoutant un peu d'eau de cuisson si nécessaire pour obtenir une consistance bien lisse.
4. Verser le yaourt dans un bol, couvrir avec la compote et servir.

Goûter

Compote ananas pomme basilic

10 MIN | 15 MIN | 1 PORTION

50 g d'ananas

80 g de pomme

1 feuille de basilic

1. Découper l'ananas en morceaux. Laver, éplucher, retirer le trognon et couper la pomme en dés. Laver la feuille de basilic. Placer les fruits dans le panier du robot.
2. Verser l'eau dans la cuve jusqu'au niveau 3 et faire cuire 15 minutes.
3. Réserver l'eau de cuisson. Placer les fruits et le basilic dans la cuve du mixeur. Mixer en ajoutant un peu d'eau de cuisson si nécessaire afin d'obtenir une consistance bien lisse.
4. Servir avec un laitage.

Goûter

Crème d'avoine, cerise & pomme

10 MIN | 15 MIN | 1 PORTION

50 g de cerises

80 g de pomme

10 g de flocons d'avoine

1. Laver et dénoyauter les cerises. Laver, éplucher, retirer le trognon et couper la pomme en dés. Placer les fruits dans le panier du robot.
2. Verser l'eau dans la cuve jusqu'au niveau 3 et faire cuire 15 minutes.
3. Réserver l'eau de cuisson et mettre les fruits et les flocons d'avoine dans la cuve du mixeur. Mixer en ajoutant un peu d'eau de cuisson si nécessaire pour obtenir une consistance lisse.
4. Servir avec un laitage.

Crème de riz, pêche & verveine

10 MIN | 15 MIN | 1 PORTION

50 g de framboises

80 g de pêche

3 feuilles de verveine sèche (ou 1 branche fraîche)

10 g de riz cuit

1. Laver les framboises. Laver, éplucher et dénoyauter la pêche. La couper en dés. Placer les fruits dans le panier du robot.
2. Verser l'eau dans la cuve jusqu'au niveau 3, ajouter les feuilles de verveine et faire cuire 15 minutes.
3. Réserver l'eau de cuisson et retirer les feuilles de verveine. Placer les fruits et le riz cuit dans la cuve du mixeur. Mixer en ajoutant un peu d'eau de cuisson si nécessaire pour obtenir une consistance lisse.
4. Servir avec un laitage.

Goûter

Compote mangue pomme cannelle

10 MIN | 15 MIN | 1 PORTION

80 g de mangue

50 g de pomme

10 g de tapioca cuit

1 pincée de cannelle

1. Éplucher et laver la mangue. La couper en dés. Éplucher, laver, retirer le trognon et couper la pomme en dés. Placer les fruits dans le panier du robot.
2. Verser l'eau dans la cuve jusqu'au niveau 3 et faire cuire 15 minutes.
3. Réserver l'eau de cuisson et placer les fruits dans la cuve du mixeur. Saupoudrer de cannelle et ajouter le tapioca. Mixer avec un peu d'eau de cuisson si nécessaire pour obtenir une consistance bien lisse.
4. Servir avec un laitage.

Goûter

Compote kiwi poire

50 g de kiwi

80 g de poire

10 g de flocons de maïs (cornflakes)

10 MIN | 15 MIN | 1 PORTION

1. Couper le kiwi en deux et prélever la chair à l'aide d'une cuillère. Éplucher, laver, retirer le trognon et couper la poire en dés. Placer les fruits dans le panier du robot.
2. Verser l'eau dans la cuve jusqu'au niveau 3 et faire cuire 15 minutes.
3. Réserver l'eau de cuisson. Placer les morceaux de fruits cuits et les flocons de maïs dans la cuve du mixeur. Mixer en ajoutant un peu d'eau de cuisson si nécessaire pour obtenir une consistance bien lisse.
4. Servir avec un laitage.

Soir

Purée d'aubergine, petit-suisse & cumin

5 MIN | 15 MIN | 1 PORTION

160 g d'aubergine

1 petit-suisse

1 pincée de cumin moulu

1. Laver, éplucher et couper l'aubergine en morceaux. La placer dans le panier du robot. Saupoudrer de cumin moulu.
2. Verser l'eau dans la cuve jusqu'au niveau 3 et faire cuire 15 minutes.
3. Réserver l'eau de cuisson. Mettre les morceaux cuits dans la cuve du mixeur avec le petit-suisse. Mixer en ajoutant un peu d'eau de cuisson si nécessaire jusqu'à ce que la purée soit bien lisse.

Soir

Fonds d'artichaut au cumin

5 MIN | 15 MIN | 1 PORTION

100 g de fonds d'artichaut

60 g de pomme de terre

1 pincée de cumin moulu

1 Éplucher la pomme de terre, la laver. Couper la pomme de terre et les fonds d'artichaut en petits morceaux. Placer les légumes dans le panier du robot. Saupoudrer de cumin moulu.

2 Verser l'eau dans la cuve jusqu'au niveau 3 et faire cuire 15 minutes.

3 Réserver l'eau de cuisson et mettre les morceaux cuits dans la cuve du mixeur. Mixer en ajoutant un peu d'eau de cuisson si nécessaire jusqu'à ce que la purée soit bien lisse.

Purée de brocoli & parmesan

5 MIN | 15 MIN | 1 PORTION

110 g de brocoli

50 g de pomme de terre

15 g de parmesan

1. Laver le brocoli et le détailler en petits bouquets. Éplucher la pomme de terre, la laver et la couper en petits morceaux. Placer les légumes dans le panier du robot.
2. Verser l'eau dans la cuve jusqu'au niveau 3 et faire cuire 15 minutes.
3. Réserver l'eau de cuisson. Mettre les morceaux cuits dans la cuve du mixeur et ajouter le parmesan fraîchement râpé. Mixer en ajoutant un peu d'eau de cuisson si nécessaire jusqu'à ce que la purée soit bien lisse.

Légumes-racines à la tomate

5 MIN | 15 MIN | 1 PORTION

60 g de carotte

40 g de tomate

60 g de panais

1 branche de thym

1. Éplucher la carotte et le panais, les laver et les couper en rondelles. Laver la tomate et la couper en morceaux. Placer les légumes dans le panier du robot.
2. Verser l'eau dans la cuve jusqu'au niveau 3, ajouter la branche de thym et faire cuire 15 minutes.
3. Réserver l'eau de cuisson, retirer la branche de thym et mettre les morceaux cuits dans la cuve du mixeur. Mixer en ajoutant un peu d'eau de cuisson si nécessaire jusqu'à ce que la purée soit bien lisse.

Purée de chou-fleur au thym

5 MIN | 15 MIN | 1 PORTION

110 g de chou-fleur

50 g de pomme de terre

1 branche de thym

1. Laver le chou-fleur et le détailler en petits bouquets. Éplucher la pomme de terre, la laver et la couper en petits morceaux. Placer les légumes dans le panier du robot.
2. Verser l'eau dans la cuve jusqu'au niveau 3, ajouter la branche de thym et faire cuire 15 minutes.
3. Réserver l'eau de cuisson, retirer la branche de thym et mettre les morceaux cuits dans la cuve du mixeur. Mixer en ajoutant un peu d'eau de cuisson si nécessaire jusqu'à ce que la purée soit bien lisse.

Soir

Poireau & céleri-rave à La vache qui rit®

10 MIN | 15 MIN | 1 PORTION

70 g de blanc de poireau

100 g de céleri-rave

1 portion
de Vache qui rit®

1. Couper le blanc de poireau en rondelles et les laver soigneusement. Éplucher, laver et couper en morceaux le céleri-rave. Placer les légumes dans le panier du robot.
2. Verser l'eau dans la cuve jusqu'au niveau 3 et faire cuire 15 minutes.
3. Réserver l'eau de cuisson et mettre les morceaux cuits dans la cuve du mixeur. Ajouter la portion de fromage et 3 à 4 c. à soupe d'eau de cuisson selon la consistance souhaitée. Mixer jusqu'à obtenir une consistance lisse.

Soir

Purée de topinambours & petits pois

10 MIN | 15 MIN | 1 PORTION

90 g de topinambours

80 g de petits pois (surgelés)

1 c. à café de beurre

1 pincée de noix de muscade

1. Éplucher, laver et couper en morceaux les topinambours. Placer les légumes dans le panier du robot.
2. Verser l'eau dans la cuve jusqu'au niveau 3 et faire cuire 15 minutes.
3. Réserver l'eau de cuisson et mettre les légumes dans la cuve du mixeur. Ajouter la noix de muscade et le beurre. Mixer avec 1 à 2 c. à soupe d'eau de cuisson si nécessaire jusqu'à obtenir la consistance souhaitée.

Soir

Purée butternut carotte curry doux

10 MIN | 15 MIN | 1 PORTION

90 g de courge butternut

80 g de carotte

1 pincée de curry doux moulu

1 c. à soupe de mascarpone

1 c. à café de beurre

1. Éplucher, laver et couper en morceaux la courge et la carotte. Les placer dans le panier du robot. Saupoudrer de curry doux.
2. Verser l'eau dans la cuve jusqu'au niveau 3 et faire cuire 15 minutes.
3. Réserver l'eau de cuisson et mettre les légumes cuits dans la cuve du mixeur. Ajouter le mascarpone. Mixer avec 1 à 2 c. à soupe d'eau de cuisson si nécessaire jusqu'à obtenir la consistance souhaitée. Ajouter un peu de beurre pour servir.

Purée courgette, thym & pâtes

10 MIN | 15 MIN | 1 PORTION

100 g de courgette

70 g de tomate

25 g de pâtes cuites

1 branche de thym

1 c. à café d'huile d'olive

1. Éplucher et laver la courgette et la tomate. Les couper en morceaux. Laver la branche de thym. Placer les légumes dans le panier du robot.
2. Verser l'eau dans la cuve jusqu'au niveau 3, ajouter la branche de thym et faire cuire 15 minutes.
3. Réserver l'eau de cuisson et retirer la branche de thym. Mettre les morceaux cuits dans la cuve du mixeur. Ajouter les pâtes cuites, l'huile d'olive et mixer avec un peu d'eau de cuisson si nécessaire pour obtenir une consistance lisse.

Crème de champignons

10 MIN | 15 MIN | 1 PORTION

120 g de champignons de Paris

50 g de pomme de terre

10 g d'échalote

1 c. à soupe de crème fraîche

4 feuilles de persil

1. Éplucher, laver et couper en morceaux les champignons de Paris et la pomme de terre. Éplucher, laver et hacher l'échalote. Laver les feuilles de persil. Placer les légumes, le persil et l'échalote dans le panier du robot.

2. Verser l'eau dans la cuve jusqu'au niveau 3 et faire cuire 15 minutes.

3. Réserver l'eau de cuisson et mettre les morceaux cuits dans la cuve du mixeur avec la crème fraîche. Mixer en ajoutant 1 à 2 c. à soupe d'eau de cuisson si nécessaire jusqu'à obtenir la consistance souhaitée.

Asperge verte au mascarpone

10 MIN | 15 MIN | 1 PORTION

70 g d'asperge verte

100 g de céleri-rave

1 c. à soupe
de mascarpone

1. Laver et éplucher le bas de l'asperge avec un économe. Couper la base puis l'asperge en morceaux. Éplucher, laver et couper le céleri-rave en morceaux. Placer les légumes dans le panier du robot.
2. Verser l'eau dans la cuve jusqu'au niveau 3 et faire cuire 15 minutes.
3. Réserver l'eau de cuisson et mettre les morceaux cuits dans la cuve du mixeur. Ajouter le mascarpone. Mixer en ajoutant un peu d'eau de cuisson si nécessaire jusqu'à obtenir la consistance souhaitée.

9 à 11 mois

Écrasé tomates cerise & cabillaud

15 MIN | 15 MIN | 1 PORTION

170 g de tomates cerise

30 g de boulgour cuit

15 g de filet de cabillaud (sans arêtes)

1 c. à soupe de crème liquide (30 % de MG)

2 feuilles de basilic

1. Laver et couper en dés les tomates cerise. Laver les feuilles de basilic. Laver, essuyer et couper le dos de cabillaud en morceaux. Placer les morceaux de tomate et le poisson dans le panier du robot.
2. Verser l'eau dans la cuve jusqu'au niveau 3 et faire cuire 15 minutes.
3. Réserver l'eau de cuisson et mettre les morceaux cuits dans la cuve du mixeur. Ajouter la moitié de boulgour cuit, les feuilles de basilic et la crème liquide. Mixer en ajoutant 1 à 2 c. à soupe d'eau de cuisson si nécessaire jusqu'à obtenir une consistance lisse.
4. Mélanger le reste de boulgour cuit à la purée.

Écrasé de butternut millet & agneau

15 MIN | 15 MIN | 1 PORTION

180 g de butternut

30 g de millet cuit

15 g de côtelette d'agneau

1 c. à soupe de mascarpone

1 c. à café d'oignon haché

1 petite branche de romarin

1. Éplucher, laver et couper en morceaux la courge butternut. Couper la viande d'agneau en cubes. Mettre les morceaux de butternut, l'oignon et le l'agneau dans le panier du robot.
2. Verser l'eau dans la cuve jusqu'au niveau 3, ajouter la branche de romarin et faire cuire 15 minutes.
3. Réserver l'eau de cuisson et retirer la branche de romarin. Placer les morceaux cuits dans la cuve du mixeur. Ajouter la moitié de millet cuit et le mascarpone. Mixer en ajoutant 1 à 2 c. à soupe d'eau de cuisson si nécessaire jusqu'à obtenir une consistance lisse.
4. Ajouter le reste de millet et mélanger.

Saumon au chou-fleur

15 MIN | 15 MIN | 1 PORTION

100 g de chou-fleur

70 g d'épinards

30 g de flocons d'avoine

15 g de filet de saumon (sans arêtes)

1 c. à café d'huile d'olive

1. Laver les bouquets de chou-fleur. Laver soigneusement les épinards, enlever la partie centrale la plus dure. Placer les légumes et le poisson dans le panier du robot.
2. Verser l'eau dans la cuve jusqu'au niveau 3 et faire cuire 15 minutes.
3. Réserver l'eau de cuisson et placer les morceaux cuits dans la cuve du mixeur. Ajouter les flocons d'avoine et l'huile. Mixer avec 1 à 2 c. à soupe d'eau de cuisson si nécessaire jusqu'à ce que la purée soit bien lisse.

Si vos enfants acceptent sans problème la purée moins lisse, vous pouvez émietter le saumon par-dessus la purée.

Pâtes aux petits légumes & bœuf

15 MIN | 15 MIN | 1 PORTION

50 g de carotte

50 g de céleri-rave

70 g de tomate bien mûre

30 g de pâtes cuites

15 g de viande hachée maigre

1 c. à café d'huile d'olive

1 c. à café d'oignon haché

1 branche de thym

1. Éplucher, laver et couper en morceaux la carotte et le céleri-rave. Laver la tomate et la couper en dés. Placer les légumes, l'oignon et la viande hachée dans le panier du robot.

2. Verser l'eau dans la cuve jusqu'au niveau 3, ajouter la branche de thym et faire cuire 15 minutes.

3. Réserver l'eau de cuisson et retirer la branche de thym. Placer les morceaux cuits dans la cuve du mixeur. Ajouter les pâtes cuites et l'huile. Mixer avec 1 à 2 c. à soupe d'eau si nécessaire jusqu'à obtenir la consistance souhaitée.

Midi

Écrasé tomate & champignons au bœuf

15 MIN | 15 MIN | 1 PORTION

70 g de champignons

70 g de tomate bien mûre

60 g de pomme de terre

15 g de filet de bœuf

1 c. à café d'huile d'olive

½ c. à café d'ail haché

3 feuilles de persil plat

1. Laver, éplucher et couper en morceaux la pomme de terre. Laver et couper en morceaux les champignons et la tomate. Placer les légumes, l'ail et la viande dans le panier du robot.
2. Verser l'eau dans la cuve jusqu'au niveau 3 et faire cuire 15 minutes.
3. Réserver l'eau de cuisson et mettre tous les ingrédients sauf la pomme de terre dans la cuve du mixeur. Ajouter les feuilles de persil lavées et l'huile. Mixer avec 1 à 2 c. à soupe d'eau de cuisson si nécessaire jusqu'à obtenir une consistance lisse.
4. Écraser la pomme de terre à la fourchette et la mélanger à la purée lisse.

Si votre enfant n'accepte pas la purée moins lisse, mixez les pommes de terre en même temps que les autres ingrédients.

Quinoa au fenouil et à la tomate

10 MIN | 15 MIN | 1 PORTION

80 g de fenouil

100 g de tomate

30 g de quinoa cuit

15 g de parmesan râpé finement

1 c. à café d'huile d'olive

2 feuilles de basilic

1. Couper le fenouil en deux et prélever le cœur. Le laver et le couper en dés. Laver la tomate et la couper en morceaux. Placer les légumes dans le panier du robot.
2. Verser l'eau dans la cuve jusqu'au niveau 3 et faire cuire 15 minutes.
3. Réserver l'eau de cuisson et mettre les morceaux cuits dans la cuve du mixeur. Ajouter les feuilles de basilic lavées et l'huile. Mixer avec 1 à 2 c. à soupe d'eau si nécessaire jusqu'à ce que la purée soit bien lisse.
4. Mélanger avec le quinoa cuit et saupoudrer de parmesan râpé.

Sole à la betterave

15 MIN | 15 MIN | 1 PORTION

100 g de betterave

70 g de tomate bien mûre

30 g de semoule cuite

15 g de filet de sole (sans arêtes)

1 c. à café d'huile d'olive

1 c. à café d'oignon haché

1 feuille de laurier

1. Éplucher, laver et couper en morceaux la betterave. Laver la tomate et la couper en dés. Placer les légumes, l'oignon et le poisson dans le panier du robot.
2. Verser l'eau dans la cuve jusqu'au niveau 3, ajouter la feuille de laurier et faire cuire 15 minutes.
3. Réserver l'eau de cuisson et retirer la feuille de laurier. Placer les morceaux cuits dans la cuve du mixeur. Ajouter la moitié de la semoule cuite et l'huile. Mixer avec 1 à 2 c. à soupe d'eau si nécessaire jusqu'à ce que la purée soit bien lisse.
4. Ajouter le reste de la semoule et mélanger.

Si vos enfants acceptent sans problème la purée moins lisse, vous pouvez servir la sole juste émiettée par-dessus la purée.

Midi

Écrasé de poireau au saumon

15 MIN | 15 MIN | 1 PORTION

80 g de blanc de poireau

100 g de blette

50 g de pomme de terre

15 g de saumon (sans arêtes)

4 feuilles de persil plat

1 c. à café d'huile d'olive

1. Laver soigneusement le blanc de poireau et la feuille de blette. Les couper en morceaux. Éplucher et laver la pomme de terre et la couper en morceaux. Placer les légumes et le poisson dans le panier du robot.
2. Verser l'eau dans la cuve jusqu'au niveau 3 et faire cuire 15 minutes.
3. Réserver l'eau de cuisson et mettre les morceaux cuits dans la cuve du mixeur. Ajouter les feuilles de persil lavées et l'huile. Mixer en ajoutant 1 à 2 c. à soupe d'eau de cuisson si nécessaire jusqu'à obtenir la consistance souhaitée.

Midi

Écrasé poireau fenouil cabillaud coco

15 MIN | 15 MIN | 1 PORTION

100 g de fenouil

70 g de blanc de poireau

30 g de pomme de terre

15 g de dos de cabillaud (sans arêtes)

1 c. à soupe de crème de noix de coco

1. Couper le fenouil en deux, prélever le cœur. Le laver et le couper en dés. Laver le blanc de poireau et le couper en rondelles. Éplucher, laver et couper en morceaux la pomme de terre. Laver, essuyer et couper le dos de cabillaud en morceaux. Placer les légumes et le poisson dans le panier du robot.

2. Verser l'eau dans la cuve jusqu'au niveau 3 et faire cuire 15 minutes.

3. Réserver l'eau de cuisson et placer les morceaux cuits (sans la pomme de terre) dans la cuve du mixeur. Ajouter la crème de noix de coco. Mixer avec 1 à 2 c. à soupe d'eau si nécessaire jusqu'à ce que la purée soit bien lisse. Écraser la pomme de terre à la fourchette et la mélanger avec la purée.

Si vos enfants acceptent sans problème la purée moins lisse, vous pouvez émietter le cabillaud sur l'écrasé.

Polenta courgette-fenouil

15 MIN | 15 MIN | 1 PORTION

100 g de fenouil

80 g de courgette

25 g de polenta cuite

15 g de fromage de chèvre pasteurisé

1 c. à café d'huile d'olive

1. Éplucher et laver la courgette et la couper en morceaux. Couper la base du fenouil, enlever les 2 premières feuilles, laver et couper le cœur en morceaux. Placer les légumes dans le panier du robot.
2. Verser l'eau dans la cuve jusqu'au niveau 3 et faire cuire 15 minutes.
3. Réserver l'eau de cuisson et mettre les morceaux cuits dans la cuve du mixeur. Ajouter la polenta cuite, le fromage de chèvre et l'huile. Mixer jusqu'à obtenir la consistance souhaitée.

Midi

Cabillaud au poivron

100 g de poivron rouge

70 g de tomate bien mûre

25 g de riz cuit

15 g de cabillaud (sans arêtes)

1 c. à café d'oignon haché finement

1 pincée de cumin moulu

15 MIN | 15 MIN | 1 PORTION

1. Laver le poivron et enlever la peau indigeste à l'aide d'un économe. Laver la tomate et la couper en morceaux. Placer les légumes, l'oignon et le cabillaud dans le panier du robot.
2. Verser l'eau dans la cuve jusqu'au niveau 3 et faire cuire 15 minutes.
3. Réserver l'eau de cuisson et mettre les morceaux cuits dans la cuve du mixeur. Ajouter la moitié du riz cuit et une pincée de cumin moulu. Mixer avec 1 à 2 c. à soupe d'eau si nécessaire jusqu'à obtenir la consistance souhaitée.
4. Mélanger avec le reste du riz.

Midi

Cabillaud au kale petits pois & vermicelles de riz

15 MIN | 15 MIN | 1 PORTION

70 g de chou kale

100 g de petits pois (congelés)

25 g de vermicelles de riz cuit

15 g de filet de cabillaud

1 c. à café d'ail haché

1 c. à café de parmesan râpé

1 c. à café d'huile d'olive

1. Laver soigneusement la feuille de chou kale, enlever la partie centrale et la couper en lanières. Placer le chou, les petits pois, l'ail haché et le poisson dans le panier du robot.
2. Verser l'eau dans la cuve jusqu'au niveau 3 et faire cuire 15 minutes.
3. Réserver l'eau de cuisson et mettre les légumes cuits dans la cuve du mixeur. Ajouter les vermicelles de riz, le parmesan râpé et l'huile. Mixer avec 1 à 2 c. à soupe d'eau si nécessaire jusqu'à obtenir la consistance souhaitée.
4. Verser dans une assiette et émietter par-dessus le filet de rouget.

Écrasé de saumon à l'oseille

15 MIN | 15 MIN | 1 PORTION

120 g de carotte

60 g de pomme de terre

40 g de feuilles d'oseille

20 g de filet de saumon

1 c. à soupe
de crème fraîche

1. Laver, éplucher et couper en morceaux la carotte et la pomme de terre. Laver soigneusement les feuilles d'oseille. Placer les légumes et le saumon dans le panier du robot.
2. Verser l'eau dans la cuve jusqu'au niveau 3 et faire cuire 15 minutes.
3. Réserver l'eau de cuisson. Placer les feuilles d'oseille cuites dans la cuve du mixeur, ajouter la crème fraîche et mixer.
4. Écraser à la fourchette les pommes de terre et les carottes dans une assiette, émietter par-dessus le saumon. Arroser de sauce à l'oseille et servir.

Dinde fenouil courgette millet

15 MIN | 15 MIN | 1 PORTION

70 g de fenouil

1 courgette

25 g de millet cuit

20 g de blanc de dinde

1 c. à café d'huile d'olive

1 c. à café d'oignon haché

1. Couper la base du fenouil, enlever les 2 premières feuilles, laver et couper le cœur en morceaux. Laver et couper en morceaux la courgette. Placer les légumes, l'oignon et la viande dans le panier du robot.
2. Verser l'eau dans la cuve jusqu'au niveau 3 et faire cuire 15 minutes.
3. Réserver l'eau de cuisson. Mettre les morceaux cuits dans la cuve du mixeur avec l'huile. Mixer en ajoutant 1 à 2 c. à soupe d'eau si nécessaire jusqu'à ce que la purée soit bien lisse.
4. Mélanger avec le millet cuit et servir.

Curry de merlan, patate douce & ananas

10 MIN | 15 MIN | 1 PORTION

120 g de patate douce

50 g de chair d'ananas (surgelée)

25 g de riz cuit

15 g de filet de merlan (sans arêtes)

1 c. à soupe de crème de noix de coco

1 c. à café d'huile neutre (sauf arachide)

1 pincée de curry doux

1. Éplucher la patate douce, la laver et la couper en morceaux. Les placer avec l'ananas et le poisson dans le panier du robot et saupoudrer de curry.
2. Verser l'eau dans la cuve jusqu'au niveau 3 et faire cuire 15 minutes.
3. Réserver l'eau de cuisson et mettre les morceaux cuits dans la cuve du mixeur. Ajouter la moitié du riz cuit, la crème de noix de coco et l'huile. Mixer avec 1 à 2 c. à soupe d'eau si nécessaire jusqu'à obtenir la consistance souhaitée.
4. Ajouter le reste du riz et mélanger.

Polenta saumon-épinard

10 MIN | 15 MIN | 1 PORTION

170 g d'épinards

25 g de polenta cuite

15 g de saumon (sans arêtes)

1 c. à soupe de mascarpone

1 c. à café d'échalote hachée finement

1. Laver soigneusement les épinards et enlever la tige centrale. Placer les épinards, l'échalote et le saumon dans le panier du robot.
2. Verser l'eau dans la cuve jusqu'au niveau 3 et faire cuire 15 minutes.
3. Réserver l'eau de cuisson et mettre les morceaux cuits dans la cuve du mixeur. Ajouter le mascarpone. Mixer avec 1 à 2 c. à soupe d'eau si nécessaire jusqu'à obtenir la consistance souhaitée. Mélanger avec la polenta.

Vous pouvez servir le saumon à part, écrasé à la fourchette.

Midi

Côtelette d'agneau aux légumes printaniers

15 MIN | 15 MIN | 1 PORTION

70 g de carotte

50 g de petits pois (surgelés)

50 g de navet

50 g de pomme de terre

1 c. à soupe d'oignon haché finement

1 petit bouquet garni (1 branche de thym + 1 feuille de laurier)

15 g de côtelette d'agneau

1 c. à café d'huile de colza

1. Éplucher, laver et couper en morceaux le navet, la carotte et la pomme de terre. Couper la viande d'agneau en morceaux. Placer les légumes, la viande et l'oignon dans le panier du robot.
2. Verser l'eau dans la cuve jusqu'au niveau 3, ajouter le bouquet garni et faire cuire 15 minutes.
3. Réserver l'eau de cuisson et retirer le bouquet garni. Placer les morceaux cuits dans la cuve du mixeur avec l'huile. Mixer en ajoutant 1 à 2 c. à soupe d'eau si nécessaire jusqu'à obtenir la consistance souhaitée.

Vous pouvez écraser une partie des légumes à la fourchette et les mélanger avec la purée lisse.

Poulet coco fenouil & brocoli

15 MIN | 15 MIN | 1 PORTION

100 g de brocoli

70 g de fenouil

1 tige de citronnelle

30 g de riz cuit

15 g de filet de blanc de poulet

1 c. à café de crème de coco

1 c. à café d'huile de tournesol

1. Laver les bouquets de brocoli. Enlever les 2-3 premières feuilles du fenouil et couper la base. Laver le cœur de fenouil et le couper en dés. Écraser la tige de la citronnelle et la couper en deux. Placer les légumes, la citronnelle et le poulet dans le panier du robot.
2. Verser l'eau dans la cuve jusqu'au niveau 3 et faire cuire 15 minutes.
3. Réserver l'eau de cuisson et placer les morceaux cuits sauf la citronnelle dans la cuve du mixeur. Ajouter la moitié du riz cuit, la crème de coco et l'huile. Mixer avec 1 à 2 c. à soupe d'eau si nécessaire jusqu'à ce que la purée soit bien lisse.
4. Ajouter le reste du riz et mélanger.

Midi

Lapin au panais & pomme de terre

15 MIN | 15 MIN | 1 PORTION

100 g de tomate

80 g de panais

50 g de pomme de terre

20 g de râble de lapin

1 petit bouquet garni (1 branche de thym + 1 feuille de laurier)

1 c. à café d'huile d'olive

1. Laver, éplucher et couper en morceaux le panais, la tomate et la pomme de terre. Placer les légumes et le râble de lapin dans le panier du robot.

2. Verser l'eau dans la cuve jusqu'au niveau 3, ajouter le bouquet garni et faire cuire 15 minutes.

3. Réserver l'eau de cuisson et retirer le bouquet garni. Mettre les morceaux de panais, de tomate et le lapin dans la cuve du mixeur. Ajouter l'huile. Mixer avec 1 à 2 c. à soupe d'eau si nécessaire jusqu'à obtenir la consistance souhaitée.

4. Écraser les pommes de terre à la fourchette. Servir les pommes de terre et le lapin en sauce séparément.

Midi

Écrasé œuf, carotte & champignons

10 MIN | 15 MIN | 1 PORTION

60 g de champignons de Paris

60 g de carotte

60 g de pomme de terre

3 feuilles de persil plat

½ œuf cuit

1 c. à soupe de crème fraîche

1. Couper la base des pieds de champignons, les laver soigneusement et les couper en dés. Laver, éplucher et couper en morceaux la pomme de terre et la carotte. Laver le persil. Placer les légumes et les feuilles de persil dans le panier du robot.

2. Verser l'eau dans la cuve jusqu'au niveau 3 et faire cuire 15 minutes.

3. Réserver l'eau de cuisson et mettre les morceaux cuits dans la cuve du mixeur. Ajouter l'œuf et la crème fraîche. Mixer avec 1 à 2 c. à soupe d'eau si nécessaire jusqu'à obtenir la consistance souhaitée.

Vous pouvez aussi écraser à la fourchette quelques morceaux de carotte et de pomme de terre pour obtenir une consistance moins lisse.

Midi

Poulet au maïs

15 MIN | 15 MIN | 1 PORTION

80 g de maïs

100 g de pousses d'épinard

1 c. à café d'oignon haché

20 g de blanc de poulet

1 c. à café de beurre

1. Laver soigneusement les pousses d'épinard. Placer le maïs, les pousses d'épinard, l'oignon et le blanc de poulet dans le panier du robot.
2. Verser l'eau dans la cuve jusqu'au niveau 3 et faire cuire 15 minutes.
3. Réserver l'eau de cuisson. Mettre les morceaux cuits dans la cuve du mixeur et ajouter le beurre. Mixer avec 1 à 2 c. à soupe d'eau si nécessaire jusqu'à obtenir la consistance souhaitée.

Version gratin : mixer séparément le poulet et les légumes. Déposer le poulet dans un ramequin beurré, couvrir avec les légumes et déposer par-dessus la noisette de beurre. Enfourner à 180 °C pendant 15 minutes.

Midi

Bœuf carotte

15 MIN | 30 MIN | 1 PORTION

60 g de carotte

60 g de céleri branche

25 g de semoule cuite

15 g de bavette de bœuf

1 c. à soupe d'oignon haché

1 c. à soupe de coulis de tomate

1 c. à café de parmesan râpé

1 c. à café d'huile d'olive

beurre pour le ramequin

1. Laver, éplucher et couper en morceaux la carotte. Laver et couper en dés la branche de céleri. Placer les légumes, l'oignon et la viande dans le panier du robot.

2. Verser l'eau dans la cuve jusqu'au niveau 3 et faire cuire 15 minutes. Préchauffer le four à 180 °C.

3. Réserver l'eau de cuisson et mettre d'abord la viande cuite dans la cuve du mixeur. Mixer. Déposer la viande mixée dans un ramequin beurré. Mixer le reste des ingrédients cuits avec l'huile d'olive et le coulis de tomate. Mélanger avec la semoule cuite.

4. Couvrir la viande avec cette préparation. Parsemer de parmesan râpé et enfourner pendant 15 minutes.

Agneau à la marocaine

100 g de courgette

60 g d'aubergine

25 g de boulgour cuit

20 g de côtelette d'agneau

1 c. à café d'oignon haché

1 c. à soupe de coulis de tomate

1 c. à café d'huile d'olive

1 pincée de cumin moulu

15 MIN | 15 MIN | 1 PORTION

1. Éplucher, laver et couper en morceaux la courgette et l'aubergine. Placer l'aubergine, les courgettes, l'oignon et la viande dans le panier du robot.
2. Verser l'eau dans la cuve jusqu'au niveau 3 et faire cuire 15 minutes.
3. Réserver l'eau de cuisson et mettre les morceaux cuits dans la cuve du mixeur. Ajouter la moitié du boulgour cuit, le coulis de tomate, le cumin moulu et l'huile. Mixer avec 1 à 2 c. à soupe d'eau si nécessaire jusqu'à obtenir la consistance souhaitée.
4. Mélanger avec le reste du boulgour.

Veau au potimarron

15 MIN | 15 MIN | 1 PORTION

100 g de potimarron

60 g de coulis de tomate

20 g de filet de veau

1 c. à soupe
de crème fraîche

4 feuilles de coriandre

1. Éplucher et couper le potimarron en morceaux. Placer le potimarron et le veau dans le panier du robot.
2. Verser l'eau dans la cuve jusqu'au niveau 3 et faire cuire 15 minutes.
3. Réserver l'eau de cuisson et mettre le veau et la moitié du potimarron cuits dans la cuve du mixeur. Ajouter la crème fraîche et les feuilles de coriandre lavées. Mixer avec 1 à 2 c. à soupe d'eau si nécessaire jusqu'à obtenir une consistance lisse.
4. Écraser à la fourchette le reste du potimarron et le mélanger avec la purée lisse.

Midi

Poulet à l'orange

10 MIN | 15 MIN | 1 PORTION

100 g de carotte

50 g de chair d'orange

25 g de semoule cuite

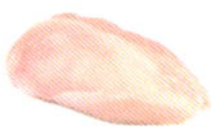

15 g de blanc de poulet

1 c. à café d'huile de colza

5 feuilles de coriandre

1. Éplucher, laver et couper la carotte en morceaux. Tailler l'orange à vif et prélever les suprêmes. Placer les morceaux de carotte et d'orange ainsi que le blanc de poulet dans le panier du robot.
2. Verser l'eau dans la cuve jusqu'au niveau 3 et faire cuire 15 minutes.
3. Réserver l'eau de cuisson et mettre les morceaux cuits dans la cuve du mixeur. Ajouter les feuilles de coriandre lavées et l'huile. Mixer avec 1 à 2 c. à soupe d'eau si nécessaire jusqu'à obtenir la consistance souhaitée.
4. Mélanger avec la semoule cuite.

Canard, riz, carotte & chou vert

15 MIN | 15 MIN | 1 PORTION

100 g de carotte

70 g de chou vert frisé

4 feuilles de persil plat

20 g d'aiguillettes de canard

1 c. à café d'huile de colza

25 g de riz cuit

1. Laver, éplucher et couper en morceaux la carotte. Laver soigneusement la feuille de chou, enlever la partie centrale et la couper en lanières. Placer les légumes et les aiguillettes de canard dans le panier du robot.
2. Verser l'eau dans la cuve jusqu'au niveau 3 et faire cuire 15 minutes.
3. Réserver l'eau de cuisson et mettre les morceaux cuits dans la cuve du mixeur. Ajouter les feuilles de persil lavées et l'huile. Mixer avec 1 à 2 c. à soupe d'eau si nécessaire jusqu'à obtenir la consistance souhaitée.
4. Ajouter le riz et mélanger.

Compote fraises melon

10 MIN | 15 MIN | 1 PORTION

50 g de fraises

80 g de melon

1. Laver, équeuter et couper les fraises en morceaux. Couper le melon en deux, enlever les pépins à l'aide d'une cuillère et couper la chair en dés. Placer les fruits dans le panier du robot.
2. Verser l'eau dans la cuve jusqu'au niveau 3 et faire cuire 15 minutes.
3. Réserver l'eau de cuisson et mettre les fruits cuits dans la cuve du mixeur. Mixer en ajoutant un peu d'eau de cuisson si nécessaire pour obtenir une compote bien lisse.
4. Servir avec un laitage.

Goûter

Compote poire romarin petit-suisse

10 MIN | 15 MIN | 1 PORTION

150 g de poire Williams

2 petits-suisses

1 petite branche de romarin

1. Laver, éplucher, couper en dés la poire et la placer dans le panier du robot.
2. Verser l'eau dans la cuve jusqu'au niveau 3, ajouter la branche de romarin et faire cuire 15 minutes.
3. Réserver l'eau de cuisson, retirer la branche de romarin et placer les fruits cuits dans la cuve du mixeur. Mixer en ajoutant un peu d'eau de cuisson si nécessaire pour obtenir une consistance bien lisse. Démouler les petits-suisses sur une assiette ou dans un bol et servir avec la compote.

Goûter

Compote carotte, figues & cannelle

10 MIN | 15 MIN | 1 PORTION

80 g de carotte

50 g de figues bien mûres

1 pincée de cannelle moulue

1. Laver, éplucher et couper en morceaux la carotte. Couper les figues en deux et récupérer la chair avec une cuillère. Placer les morceaux de carotte et de figue dans le panier du robot.
2. Verser l'eau dans la cuve jusqu'au niveau 3 et faire cuire 15 minutes.
3. Réserver l'eau de cuisson et mettre les morceaux de fruits cuits dans la cuve du mixeur. Ajouter la cannelle. Mixer en ajoutant un peu d'eau de cuisson si nécessaire pour obtenir une compote bien lisse.
4. Servir avec un laitage.

Compote rhubarbe, poire & riz

10 MIN | 15 MIN | 1 PORTION

80 g de poire Williams

50 g de rhubarbe

25 g de riz cuit

1 c. à soupe de mascarpone

1. Laver, éplucher, retirer le trognon et couper en dés la poire et la rhubarbe. Placer les fruits dans le panier du robot.
2. Verser l'eau dans la cuve jusqu'au niveau 3 et faire cuire 15 minutes.
3. Réserver l'eau de cuisson et placer les fruits cuits, le riz et le mascarpone dans la cuve du mixeur. Mixer en ajoutant un peu d'eau de cuisson si nécessaire pour obtenir une consistance bien lisse.

Compote myrtilles, pomme & réglisse

10 MIN | 15 MIN | 1 PORTION

100 g de myrtilles

30 g de pomme

1 petit morceau de réglisse

1. Laver soigneusement les myrtilles. Laver, éplucher, retirer le trognon et couper en morceaux la pomme. Placer les fruits dans le panier du robot.
2. Verser l'eau dans la cuve jusqu'au niveau 3 et faire cuire 15 minutes.
3. Réserver l'eau de cuisson et placer les fruits cuits dans la cuve du mixeur. Râper par-dessus la réglisse. Mixer en ajoutant un peu d'eau de cuisson si nécessaire pour obtenir une compote bien lisse.
4. Servir avec un laitage et un biscuit.

Goûter

Compote avocat & banane

10 MIN | 15 MIN | 1 PORTION

50 g d'avocat bien mûr

80 g de banane

1 c. à café
de jus de citron

1. Couper l'avocat en deux et prélever la chair à l'aide d'une cuillère. Éplucher et couper en rondelles la banane. Placer les fruits dans le panier du robot et ajouter le jus de citron.
2. Verser l'eau dans la cuve jusqu'au niveau 3 et faire cuire 15 minutes.
3. Réserver l'eau de cuisson et placer les fruits cuits dans la cuve du mixeur. Mixer en ajoutant un peu d'eau de cuisson si nécessaire pour obtenir une compote bien lisse.
4. Servir avec un laitage et un biscuit.

Goûter

Compote mirabelles, mûres & banane

10 MIN | 15 MIN | 1 PORTION

50 g de mirabelles

30 g de mûres

50 g de banane

1. Laver, dénoyauter et couper les mirabelles en morceaux. Laver les mûres. Éplucher la banane et la couper en morceaux. Placer les fruits dans le panier du robot.
2. Verser l'eau dans la cuve jusqu'au niveau 3 et faire cuire 15 minutes.
3. Réserver l'eau de cuisson et mettre les fruits cuits dans la cuve du mixeur. Mixer en ajoutant un peu d'eau de cuisson si nécessaire pour obtenir une compote bien lisse.
4. Servir avec un laitage.

Compote kaki pomme cannelle

10 MIN | 15 MIN | 1 PORTION

100 g de pomme

50 g de kaki

1 pincée de cannelle

1. Éplucher, laver et couper en dés le kaki et la pomme. Placer les fruits dans le panier du robot. Saupoudrer de cannelle.
2. Verser l'eau dans la cuve jusqu'au niveau 3 et faire cuire 15 minutes.
3. Réserver l'eau de cuisson et mettre les fruits cuits dans la cuve du mixeur. Mixer en ajoutant un peu d'eau de cuisson si nécessaire pour obtenir une compote bien lisse.
4. Servir avec un laitage.

Goûter

Compote mangue, poire & semoule

10 MIN | 15 MIN | 1 PORTION

50 g de mangue

80 g de poire

25 g de semoule cuite

1 c. à soupe de mascarpone

1. Couper la mangue en deux et prélever la chair à l'aide d'une cuillère. Laver, éplucher, retirer le trognon et couper la poire en dés. Placer les fruits dans le panier du robot.
2. Verser l'eau dans la cuve jusqu'au niveau 3 et faire cuire 15 minutes.
3. Réserver l'eau de cuisson et mettre les fruits cuits, la semoule et le mascarpone dans la cuve du mixeur. Mixer en ajoutant un peu d'eau de cuisson si nécessaire pour obtenir une consistance bien lisse.

Goûter

Crème de quinoa pomme vanille

10 MIN | 15 MIN | 1 PORTION

130 g de pomme

25 g de quinoa bicolore cuit

1 c. à soupe de crème liquide

½ gousse de vanille

1. Laver, éplucher, retirer le trognon et couper la pomme en dés. La placer dans le panier du robot.
2. Verser l'eau dans la cuve jusqu'au niveau 3 et faire cuire 15 minutes.
3. Réserver l'eau de cuisson et mettre la pomme cuite, les grains de vanille et la crème liquide dans la cuve du mixeur. Mixer. Mélanger avec le quinoa cuit.

Compote potimarron pomme cannelle

10 MIN | 15 MIN | 1 PORTION

80 g de pomme

50 g de potimarron

1 pincée de cannelle moulue

1. Éplucher, retirer le trognon et couper en dés la pomme et le potimarron. Les placer dans le panier du robot.
2. Verser l'eau dans la cuve jusqu'au niveau 3 et faire cuire 15 minutes.
3. Réserver l'eau de cuisson et mettre les fruits cuits et la cannelle dans la cuve du mixeur. Mixer en ajoutant un peu d'eau de cuisson si nécessaire pour obtenir une compote bien lisse.
4. Servir accompagné d'un morceau de pain.

Compote banane myrtilles

10 MIN | 15 MIN | 1 PORTION

70 g de banane

60 g de myrtilles

1 yaourt

1. Éplucher la banane et la couper en morceaux. Laver soigneusement les myrtilles. Placer les fruits dans le panier du robot.
2. Verser l'eau dans la cuve jusqu'au niveau 3 et faire cuire 15 minutes.
3. Réserver l'eau de cuisson et placer les morceaux de fruits dans la cuve du mixeur. Mixer en ajoutant un peu d'eau de cuisson si nécessaire pour obtenir une consistance bien lisse.
4. Verser le yaourt dans un bol et couvrir avec la compote.

Crémeux fraises rhubarbe

10 MIN | 15 MIN | 1 PORTION

80 g de fraises

50 g de rhubarbe

1 c. à soupe de fromage frais (type Philadelphia®)

2 biscuits (type petit-beurre)

1. Laver, éplucher et couper la rhubarbe en dés. Laver, équeuter et couper les fraises en morceaux. Placer les fruits dans le panier du robot.
2. Verser l'eau dans la cuve jusqu'au niveau 3 et faire cuire 15 minutes.
3. Réserver l'eau de cuisson et mettre les fruits cuits et le fromage frais dans la cuve du mixeur. Mixer en ajoutant un peu d'eau de cuisson si nécessaire pour obtenir une consistance bien lisse. Verser dans un bol et parsemer de biscuits émiettés.

Purée panais potiron & crème de coco

10 MIN | 15 MIN | 1 PORTION

90 g de potiron

80 g de panais

1 c. à soupe de crème de noix de coco

1 c. à café d'huile de tournesol

1 pincée de curcuma moulu

1. Laver, éplucher et couper en morceaux le panais et le potiron. Placer les légumes dans le panier du robot et saupoudrer de curcuma.
2. Verser l'eau dans la cuve jusqu'au niveau 3 et faire cuire 15 minutes.
3. Réserver l'eau de cuisson et mettre les morceaux cuits dans la cuve du mixeur. Ajouter l'huile et la crème de coco. Mixer avec 3 à 4 c. à soupe d'eau de cuisson si nécessaire pour obtenir une consistance bien lisse.

Soir

Purée blette pomme de terre Kiri®

10 MIN | 15 MIN | 1 PORTION

130 g de blette

50 g de pomme de terre

1 portion de Kiri®
(ou Vache qui rit®)

1 c. à café d'huile d'olive

1. Laver soigneusement la feuille de blette. La couper en morceaux. Éplucher et laver la pomme de terre et la couper en morceaux. Placer les légumes dans le panier du robot.
2. Verser l'eau dans la cuve jusqu'au niveau 3 et faire cuire 15 minutes.
3. Réserver l'eau de cuisson et mettre les morceaux cuits dans la cuve du mixeur. Ajouter le fromage et l'huile d'olive. Mixer avec 3 à 4 c. à soupe d'eau de cuisson si nécessaire pour obtenir une consistance bien lisse.

Purée carotte oignon petit épeautre

10 MIN | 15 MIN | 1 PORTION

180 g de carotte

1 c. à soupe d'oignon haché

30 g de petit épeautre cuit

4 feuilles de coriandre

1 c. à café d'huile d'olive

1. Éplucher, laver et couper en morceaux la carotte. La placer avec l'oignon haché dans le panier du robot.
2. Verser l'eau dans la cuve jusqu'au niveau 3 et faire cuire 15 minutes.
3. Réserver l'eau de cuisson et mettre les morceaux cuits dans la cuve du mixeur. Ajouter le petit épeautre cuit, les feuilles de coriandre, lavées et hachées, et l'huile d'olive. Mixer avec 3 à 4 c. à soupe d'eau de cuisson si nécessaire pour obtenir une consistance bien lisse.

Soir

Chou vert & courgette au cumin

15 MIN | 15 MIN | 1 PORTION

60 g de chou vert

60 g de courgette

50 g de pomme de terre

1 c. à soupe de parmesan râpé

1 c. à café d'huile d'olive

1 pincée de cumin moulu

1. Laver le chou, enlever la partie centrale et le couper en lanières. Laver, éplucher et couper en morceaux la courgette et la pomme de terre. Placer les morceaux de légumes dans le panier du robot. Saupoudrer de cumin.

2. Verser l'eau dans la cuve jusqu'au niveau 3 et faire cuire 15 minutes.

3. Réserver l'eau de cuisson et mettre les morceaux cuits dans la cuve du mixeur. Ajouter le parmesan râpé et l'huile. Mixer avec 2 à 3 c. à soupe d'eau de cuisson si nécessaire pour obtenir une consistance bien lisse.

Purée de kale & butternut à la cannelle

15 MIN | 15 MIN | 1 PORTION

110 g de butternut

60 g de chou kale

1 portion
de Vache qui rit®

1 c. à café d'huile
de colza

1 pincée de cannelle
moulue

1. Laver le chou kale, enlever la partie centrale et le couper en lanières. Éplucher et couper en morceaux la courge butternut. Placer les morceaux de légumes dans le panier du robot. Saupoudrer de cannelle.
2. Verser l'eau dans la cuve jusqu'au niveau 3 et faire cuire 15 minutes.
3. Réserver l'eau de cuisson et mettre les morceaux cuits dans la cuve du mixeur. Ajouter la portion de fromage et l'huile. Mixer avec 2 à 3 c. à soupe d'eau de cuisson si nécessaire pour obtenir une consistance bien lisse.

Soir

Purée chou chinois courgette parmesan

15 MIN | 15 MIN | 1 PORTION

110 g de courgette

60 g de chou chinois

15 g de parmesan râpé

1 c. à café d'huile d'olive

1. Laver quelques feuilles de chou chinois, enlever la partie centrale et les couper en lanières. Éplucher, laver et couper en morceaux la courgette. Placer les morceaux de légumes dans le panier du robot.

2. Verser l'eau dans la cuve jusqu'au niveau 3 et faire cuire 15 minutes.

3. Réserver l'eau de cuisson et mettre les morceaux cuits dans la cuve du mixeur. Ajouter le parmesan et l'huile. Mixer avec 2 à 3 c. à soupe d'eau de cuisson si nécessaire pour obtenir une consistance bien lisse.

Soir

Purée choux de Bruxelles et panais à l'anis

15 MIN | 15 MIN | 1 PORTION

100 g de panais

70 g de choux de Bruxelles

1 c. à café d'huile de colza

1 pincée d'anis en poudre

1. Laver les choux de Bruxelles et les couper en quartiers. Éplucher et couper en morceaux le panais. Placer les morceaux de légumes dans le panier du robot. Saupoudrer d'anis.
2. Verser l'eau dans la cuve jusqu'au niveau 3 et faire cuire 15 minutes.
3. Réserver l'eau de cuisson et mettre les morceaux cuits dans la cuve du mixeur. Ajouter l'huile. Mixer avec 2 à 3 c. à soupe d'eau de cuisson si nécessaire pour obtenir une consistance bien lisse.

Purée de chou rouge à la pomme

15 MIN | 15 MIN | 1 PORTION

110 g de pomme

60 g de chou rouge

1 c. à café d'oignon haché finement

1 c. à café d'huile de colza

1. Laver le chou, enlever la partie centrale et le couper en lanières. Éplucher, retirer le trognon et couper en morceaux la pomme. Placer les morceaux de chou, de pomme et l'oignon haché dans le panier du robot.
2. Verser l'eau dans la cuve jusqu'au niveau 3 et faire cuire 15 minutes.
3. Réserver l'eau de cuisson et mettre les morceaux cuits dans la cuve du mixeur. Ajouter l'huile. Mixer avec 2 à 3 c. à soupe d'eau de cuisson si nécessaire pour obtenir une consistance bien lisse.

Soir

Pomme de terre & asperges au parmesan

15 MIN | 15 MIN | 1 PORTION

120 g d'asperges vertes

50 g de pomme de terre

1 pincée de noix de muscade moulue

10 g de parmesan râpé

1 c. à café d'huile d'olive

1. Laver les asperges. Couper la base et les couper en quatre. Éplucher, laver et couper en morceaux la pomme de terre. Placer les morceaux de légumes dans le panier du robot.

2. Verser l'eau dans la cuve jusqu'au niveau 3 et faire cuire 15 minutes.

3. Réserver l'eau de cuisson et mettre les morceaux cuits dans la cuve du mixeur. Ajouter la noix de muscade moulue, le parmesan râpé et l'huile d'olive. Mixer avec 2 à 3 c. à soupe d'eau de cuisson si nécessaire pour obtenir une consistance bien lisse.

Purée aubergine, persil & petit-suisse

15 MIN | 15 MIN | 1 PORTION

170 g d'aubergine

5 feuilles de persil plat

1 petit-suisse

1. Éplucher, laver et couper en morceaux l'aubergine. Placer les morceaux d'aubergine dans le panier du robot.
2. Verser l'eau dans la cuve jusqu'au niveau 3 et faire cuire 15 minutes.
3. Réserver l'eau de cuisson et mettre les morceaux cuits dans la cuve du mixeur. Ajouter le persil haché finement et le petit-suisse. Mixer jusqu'à obtenir une consistance lisse.

Purée petits pois, épinard & polenta

15 MIN | 15 MIN | 1 PORTION

100 g de petits pois

70 g de feuilles d'épinard

20 g de polenta cuite

1 c. à soupe de mascarpone

1 c. à café d'échalote

1 pincée de safran moulu

1. Laver soigneusement les feuilles d'épinard, enlever la partie centrale. Hacher les feuilles grossièrement. Placer les légumes et l'échalote dans le panier du robot et saupoudrer de safran moulu.
2. Verser l'eau dans la cuve jusqu'au niveau 3 et faire cuire 15 minutes.
3. Réserver l'eau de cuisson et mettre les morceaux cuits dans la cuve du mixeur. Ajouter le mascarpone. Mixer avec 1 à 2 c. à soupe d'eau si nécessaire jusqu'à obtenir une consistance lisse. Mélanger avec de la polenta cuite. Servir.

12 mois et +

Colin à la courgette, avocat & riz arborio

15 MIN | 15 MIN | 1 PORTION

20 g de colin

100 g de courgette

60 g d'avocat

30 g de riz arborio cuit

20 g de parmesan râpé

1 c. à soupe de mascarpone

1 c. à café d'oignon haché finement

1 c. à café de jus de citron

2 feuilles d'estragon

1. Éplucher, laver et couper en morceaux la courgette. Les placer avec les oignons et le colin dans le panier du robot.
2. Verser l'eau dans la cuve jusqu'au niveau 3 et faire cuire 15 minutes.
3. Réserver l'eau de cuisson et mettre les morceaux cuits et les feuilles d'estragon lavées dans la cuve du mixeur. Mixer jusqu'à obtenir la consistance souhaitée.
4. Couper l'avocat en deux. Couper une moitié en dés et arroser de jus de citron. Écraser les morceaux d'avocat à la fourchette, ajouter la purée de courgette, le riz, le mascarpone, le parmesan râpé et mélanger.

Midi

Poulet & purée céleri-rave avocat

15 MIN | 15 MIN | 1 PORTION

60 g d'avocat

60 g de céleri-rave

60 g de pomme de terre

20 g de blanc de poulet

4 feuilles de persil plat

1 c. à café
de jus de citron

1 c. à café de beurre

1. Éplucher, laver et couper en morceaux le céleri-rave et la pomme de terre. Placer les morceaux de pomme de terre, de céleri-rave et le blanc de poulet dans le panier du robot.
2. Verser l'eau dans la cuve jusqu'au niveau 3 et faire cuire 15 minutes.
3. Réserver l'eau de cuisson et mettre les morceaux de poulet cuits et les feuilles de persil lavées dans la cuve du mixeur. Mixer jusqu'à obtenir la consistance souhaitée.
4. Couper l'avocat en deux. Couper une moitié en dés et arroser de jus de citron. Écraser les pommes de terre, le céleri-rave et l'avocat à la fourchette, ajouter le beurre et mélanger. Servir avec le poulet.

Crevettes, quinoa & fenouil à l'orange

15 MIN | 15 MIN | 1 PORTION

100 g de fenouil

70 g d'orange

30 g de quinoa cuit

20 g de crevettes décortiquées

1 c. à café d'huile d'olive

1. Couper la base du fenouil, enlever les deux premières feuilles et couper le cœur en morceaux. Éplucher l'orange à vif à l'aide d'un couteau et prélever les suprêmes. Récupérer le jus. Placer les morceaux de fenouil, les suprêmes d'orange et les crevettes décortiquées dans le panier du robot.
2. Verser l'eau dans la cuve jusqu'au niveau 3 et faire cuire 15 minutes.
3. Réserver l'eau de cuisson et mettre les morceaux cuits dans la cuve du mixeur. Ajouter 1 à 2 c. à soupe d'eau de cuisson. Mixer jusqu'à obtenir la consistance souhaitée.
4. Mélanger le jus d'orange avec l'huile d'olive. Ajouter le quinoa à la purée et arroser avec le mélange huile-jus d'orange. Servir tiède ou froid.

Jambon et vermicelles de riz aux légumes verts

15 MIN | 15 MIN | 1 PORTION

120 g de petits pois (surgelés)

60 g de fèves pelées (surgelées)

30 g de vermicelles de riz (cuits)

20 g de jambon

4 feuilles de basilic

1 c. à café de beurre

1. Placer les fèves et les petits pois dans le panier du robot.
2. Verser l'eau dans la cuve jusqu'au niveau 3 et faire cuire 15 minutes.
3. Réserver l'eau de cuisson et mettre les légumes cuits, le jambon, les feuilles de basilic lavées et le beurre dans la cuve du mixeur. Mixer en ajoutant 1 à 2 c. à soupe d'eau de cuisson si besoin jusqu'à obtenir la consistance souhaitée.
4. Mélanger avec les vermicelles de riz hachés finement.

Riz, betterave & fromage de chèvre

15 MIN | 40 MIN | 1 PORTION

180 g de betterave crue

30 g de riz rond cuit

15 g de fromage de chèvre frais

½ œuf

1 c. à café d'huile d'olive

1 c. à café d'échalotes hachées finement

beurre pour le ramequin

1. Éplucher, laver et couper en morceaux la betterave. Placer les morceaux de betterave et les échalotes hachées dans le panier du robot.

2. Préchauffer le four à 180 °C. Verser l'eau dans la cuve jusqu'au niveau 3 et faire cuire 15 minutes.

3. Réserver l'eau de cuisson et mettre les morceaux cuits dans la cuve du mixeur. Mixer en ajoutant 1 à 2 c. à soupe d'eau de cuisson si besoin jusqu'à ce que la purée soit lisse.

4. Mélanger avec le riz, le fromage de chèvre, le ½ œuf et l'huile d'olive. Verser dans un ramequin beurré et enfourner 25 minutes.

Midi

Veau aux petits pois

120 g de petits pois (surgelés)

60 g de tomates cerise

30 g de semoule cuite

20 g de filet de veau

1 c. à café d'ail haché finement

4 feuilles de basilic

1 c. à café d'huile d'olive

15 MIN | 15 MIN | 1 PORTION

1. Placer les petits pois, l'ail et le veau dans le panier du robot.
2. Verser l'eau dans la cuve jusqu'au niveau 3 et faire cuire 15 minutes.
3. Réserver l'eau de cuisson. Mettre les morceaux cuits, les feuilles de basilic lavées et l'huile dans la cuve du mixeur. Mixer jusqu'à obtenir la consistance souhaitée.
4. Mélanger la semoule avec la purée. Laver et hacher les tomates cerise. Parsemer de dés de tomates et servir.

Dinde, pâtes & purée poire, céleri-rave

15 MIN | 15 MIN | 1 PORTION

120 g de céleri-rave

60 g de poire

30 g de pâtes cuites

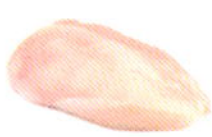
20 g de blanc de dinde

1 branche de romarin

1 c. à café d'huile d'olive

1. Éplucher, laver, retirer le trognon et couper en morceaux la poire et le céleri-rave. Placer les morceaux de poire, de céleri-rave et la dinde dans le panier du robot.

2. Verser l'eau dans la cuve jusqu'au niveau 3, ajouter la branche de romarin et faire cuire 15 minutes.

3. Réserver l'eau de cuisson et mettre les morceaux cuits dans la cuve du mixeur en retirant la branche de romarin. Ajouter les pâtes cuites et l'huile d'olive. Mixer avec 1 à 2 c. à soupe d'eau de cuisson si nécessaire jusqu'à obtenir la consistance souhaitée.

Vous pouvez aussi écraser la poire et le céleri-rave à la fourchette, et servir accompagné de la dinde mixée ou coupée en tout petits morceaux.

Filet mignon, maïs & poivron rouge

15 MIN | 15 MIN | 1 PORTION

120 g de poivron rouge

60 g de grains de maïs crus

20 g de filet mignon

5 g de parmesan

1 c. à soupe de mascarpone

1. Laver le poivron. Enlever la peau indigeste à l'aide d'un économe et le couper en dés. Placer les morceaux de poivron, les grains de maïs et le filet mignon dans le panier du robot.
2. Verser l'eau dans la cuve jusqu'au niveau 3 et faire cuire 15 minutes.
3. Réserver l'eau de cuisson et mettre les morceaux cuits dans la cuve du mixeur. Ajouter le mascarpone. Mixer avec 1 à 2 c. à soupe d'eau de cuisson si nécessaire jusqu'à obtenir la consistance souhaitée. Parsemer de parmesan râpé.

Curry de crevettes & banane plantain

15 MIN | 15 MIN | 1 PORTION

130 g de banane plantain

50 g de pousses d'épinard

20 g de crevettes décortiquées

1 pincée de curry doux (moulu)

1 c. à café d'huile de colza

1. Éplucher et couper en morceaux la banane. Laver soigneusement les pousses d'épinard. Placer les morceaux de banane, les pousses d'épinard et les crevettes dans le panier du robot. Parsemer de curry doux.

2. Verser l'eau dans la cuve jusqu'au niveau 3 et faire cuire 15 minutes.

3. Réserver l'eau de cuisson, mettre les morceaux dans la cuve du mixeur et ajouter l'huile. Mixer avec 1 à 2 c. à soupe d'eau de cuisson si nécessaire jusqu'à obtenir la consistance souhaitée.

Midi

Truite rose aux blettes & pomme de terre

15 MIN | 15 MIN | 1 PORTION

120 g de blettes

60 g de pomme de terre

20 g de filet de truite rose (sans arêtes)

4 feuilles de persil plat

1 c. à café de beurre

1. Laver les feuilles de blette et les émincer. Éplucher, laver et couper en morceaux la pomme de terre. Placer les morceaux de pomme de terre, de blettes et le filet de truite rose dans le panier du robot.

2. Verser l'eau dans la cuve jusqu'au niveau 3 et faire cuire 15 minutes.

3. Réserver l'eau de cuisson. Verser le contenu dans une assiette, ajouter une noisette de beurre et écraser le tout à la fourchette. Parsemer de persil lavé et haché finement.

Saumon & nouilles de riz aux légumes verts

15 MIN | 15 MIN | 1 PORTION

75 g de brocoli

75 g de petits pois (surgelés)

50 g de nouilles de riz cuites

20 g de filet de saumon (sans arêtes)

1 c. à café d'échalotes hachées

4 feuilles de persil plat

1 c. à café d'huile d'olive

1. Séparer les bouquets de brocoli et les détailler en petits morceaux. Les laver soigneusement. Placer les légumes, les échalotes et le filet de saumon dans le panier du robot.

2. Verser l'eau dans la cuve jusqu'au niveau 3 et faire cuire 15 minutes.

3. Réserver l'eau de cuisson. Couper le saumon en petits morceaux ou l'écraser à la fourchette. Verser les légumes dans un bol ou une assiette creuse, ajouter l'huile d'olive et le persil lavé et haché. Écraser le tout à la fourchette. Couper en morceaux les nouilles de riz et les mélanger aux légumes. Répartir le saumon sur les légumes et servir chaud.

Si votre enfant n'est pas encore habitué aux morceaux, vous pouvez écraser le saumon à la fourchette et mixer les légumes avec les nouilles de riz.

Midi

Poulet & purée pomme de terre céleri-rave

15 MIN | 15 MIN | 1 PORTION

100 g de pomme de terre

80 g de céleri-rave

20 g d'aiguillettes de poulet

1 c. à soupe de lait ribot

1 c. à café d'huile d'olive

1. Éplucher, laver et couper en morceaux la pomme de terre et le céleri-rave. Placer les morceaux de légumes et les aiguillettes de poulet dans le panier du robot.
2. Verser l'eau dans la cuve jusqu'au niveau 3 et faire cuire 15 minutes.
3. Réserver l'eau de cuisson. Couper la viande en tout petits dés. Écraser les légumes à la fourchette dans un bol ou une assiette creuse, ajouter le lait ribot et l'huile d'olive, mélanger. Parsemer de morceaux de poulet. Servir bien chaud.

Si votre enfant n'est pas encore habitué aux morceaux, vous pouvez juste écraser les légumes et mixer à part la viande.

Galettes veggie aux légumes racines

15 MIN | 20 MIN | 1 PORTION

50 g de carotte

50 g de betterave

50 g de panais

20 g de quinoa cuit

20 g de flocons d'avoine

1 c. à café d'échalotes hachées

1 c. à café d'huile d'olive

1. Éplucher, laver et couper en morceaux la carotte, la betterave et le panais. Placer les légumes et les échalotes dans le panier du robot.
2. Verser l'eau dans la cuve jusqu'au niveau 3 et faire cuire 15 minutes.
3. Réserver l'eau de cuisson. Écraser les légumes à la fourchette avec l'huile d'olive dans un bol ou une assiette creuse.
4. Mélanger la moitié des légumes avec le quinoa cuit et les flocons d'avoine. Former des petits hamburgers avec la paume des mains. Faire chauffer l'huile dans une poêle antiadhésive et y faire revenir des deux côtés les mini-hamburgers. Servir accompagné des légumes écrasés restants.

Si votre enfant n'est pas encore habitué aux morceaux, vous pouvez mixer les légumes en purée lisse.

Midi

Curry de cabillaud & patate douce

15 MIN | 15 MIN | 1 PORTION

150 g de patate douce

50 g de riz cuit

20 g de dos de cabillaud (sans arêtes)

1 c. à café d'échalotes hachées

1/2 c. à café de curry doux moulu

2 c. à soupe de crème de noix de coco

1. Éplucher, laver et couper en morceaux la patate douce. La placer avec les échalotes et le cabillaud dans le panier du robot. Saupoudrer de curry.
2. Verser l'eau dans la cuve jusqu'au niveau 3 et faire cuire 15 minutes.
3. Réserver l'eau de cuisson et récupérer le poisson. Verser le reste dans un bol ou une assiette creuse. Ajouter la crème de noix de coco et écraser le tout à la fourchette. Ajouter le riz et mélanger avec 1 à 2 c. à soupe d'eau de cuisson si nécessaire. Émietter le cabillaud par-dessus et servir chaud.

Si votre enfant n'est pas encore habitué aux morceaux, vous pouvez mixer la patate douce et mélanger la purée avec le riz et le poisson.

Omelette aux pommes de terre & petits pois

15 MIN | 20 MIN | 1 PORTION

100 g de pomme de terre

80 g de petits pois

1 œuf

10 g de gruyère râpé finement

1 c. à café d'huile d'olive

1. Éplucher, laver et couper en morceaux la pomme de terre. Placer les morceaux de pomme de terre et les petits pois dans le panier du robot.
2. Verser l'eau dans la cuve jusqu'au niveau 3 et faire cuire 15 minutes.
3. Réserver l'eau de cuisson. Écraser les légumes à la fourchette dans un bol ou une assiette creuse, ajouter l'œuf et le gruyère râpé et mélanger.
4. Faire chauffer l'huile d'olive dans une poêle antiadhésive. Former de petites omelettes à l'aide d'une cuillère à soupe et les faire cuire des deux côtés.

Risotto à la carotte, au basilic et au poulet

15 MIN | 15 MIN | 1 PORTION

150 g de carotte

50 g de riz arborio cuit

20 g de blanc de poulet

1 c. à café d'échalotes hachées

1 c. à soupe de crème liquide

1 c à café de parmesan

1 c. à café d'huile d'olive

4 feuilles de basilic

1. Éplucher, laver et couper en morceaux la carotte. La placer avec les échalotes et le poulet dans le panier du robot.

2. Verser l'eau dans la cuve jusqu'au niveau 3 et faire cuire 15 minutes.

3. Réserver l'eau de cuisson et récupérer le poulet. Le couper en petits morceaux. Verser le reste dans un bol ou dans une assiette creuse. Ajouter l'huile d'olive, la crème liquide, le parmesan râpé et écraser le tout à la fourchette. Mélanger avec le riz et répartir les morceaux de poulet par-dessus. Parsemer de basilic lavé et haché. Servir chaud.

Si votre enfant n'est pas encore habitué aux morceaux, vous pouvez mixer tous les ingrédients et les mélanger avec le riz cuit.

Boulettes de veau & riz à la tomate

15 MIN | 35 MIN | 1 PORTION

75 g de courgette

75 g de tomate

50 g de riz cuit

20 g de veau haché

1 c. à café d'échalote hachée

4 feuilles de persil plat

1 c. à café d'huile d'olive

1. Préchauffer le four à 180 °C. Éplucher, laver et râper finement la courgette. Laver et hacher finement le persil.

2. Mélanger la courgette avec la viande, l'échalote et le persil haché. Former des boules de la taille d'une noix avec les paumes de la main. Les placer dans un plat allant au four. Arroser d'huile d'olive et enfourner 20 minutes. Les retourner à mi-cuisson.

3. Laver et couper en morceaux la tomate et la placer dans le panier du robot. Verser l'eau dans la cuve jusqu'au niveau 3 et faire cuire 15 minutes.

4. Réserver l'eau de cuisson et mettre la tomate dans la cuve du mixeur. Ajouter 1 à 2 c. à soupe d'eau de cuisson. Mixer jusqu'à obtenir une consistance lisse. Mélanger la purée de tomate au riz et servir avec les boulettes de viande cuites.

Polenta au poulet & légumes du soleil

15 MIN | 15 MIN | 1 PORTION

120 g de tomate

60 g de courgette

30 g de polenta cuite

30 g de blanc de poulet

1 c. à soupe
de parmesan râpé

1 c. à café d'huile d'olive

3 feuilles de basilic

1. Laver et couper en morceaux la tomate. Éplucher, laver et couper en morceaux la courgette. Placer les morceaux de légumes et le poulet dans le panier du robot.

2. Verser l'eau dans la cuve jusqu'au niveau 3 et faire cuire 15 minutes.

3. Réserver l'eau de cuisson et récupérer le poulet. Le couper en petits dés. Verser le reste dans la cuve du mixeur. Ajouter l'huile d'olive et le basilic lavé et haché. Mixer avec 1 à 2 c. à soupe d'eau si nécessaire jusqu'à obtenir une consistance lisse. Mélanger avec la polenta. Répartir les morceaux de poulet par-dessus et parsemer de parmesan râpé avant de servir.

Midi

Aiguillettes de canard, purée de butternut coco

15 MIN | 15 MIN | 1 PORTION

100 g de courge butternut

80 g de pomme de terre

30 g d'aiguillettes de canard

1 c. à soupe de crème de noix de coco

1 pincée de curry doux moulu

1. Éplucher, laver et couper en morceaux la courge et la pomme de terre. Placer les légumes et la viande dans le panier du robot.

2. Verser l'eau dans la cuve jusqu'au niveau 3 et faire cuire 15 minutes.

3. Réserver l'eau de cuisson et récupérer le canard. Le couper en petits dés. Verser le reste dans un bol. Ajouter la crème de noix de coco, le curry et 2 à 3 c. d'eau de cuisson si besoin. Écraser le tout avec la fourchette. Répartir les morceaux de canard par-dessus et servir bien chaud.

Goûter

Crumble pomme, kaki & vanille

10 MIN | 30 MIN | 1 PORTION

80 g de pomme

50 g de kaki

½ gousse de vanille

2 biscuits (petits-beurre)

1 noisette de beurre

1. Couper le kaki en deux et récupérer la chair à l'aide d'une cuillère. Éplucher, laver, retirer le trognon et couper la pomme en dés. Placer les fruits dans le panier du robot.
2. Préchauffer le four à 180°C. Verser l'eau dans la cuve jusqu'au niveau 3 et faire cuire 15 minutes.
3. Réserver l'eau de cuisson. Verser les fruits dans un ramequin. Écraser finement les biscuits et les mélanger avec le beurre mou et les grains de la vanille. Répartir le crumble sur les fruits. Enfourner 15 minutes. Servir accompagné d'un laitage.

Compote reine-claude & raisin blanc

10 MIN | 15 MIN | 1 PORTION

80 g de prunes reines-claudes

70 g de raisins blancs

1. Laver, dénoyauter et couper en dés les prunes. Laver, couper en deux et épépiner les raisins blancs. Placer les fruits dans le panier du robot.
2. Verser l'eau dans la cuve jusqu'au niveau 3 et faire cuire 15 minutes.
3. Réserver l'eau de cuisson et mettre les fruits cuits dans la cuve du mixeur. Mixer en ajoutant un peu d'eau de cuisson si nécessaire jusqu'à obtenir une compote bien lisse. Verser dans un bol et servir avec un laitage et un morceau de pain.

Goûter

Compote banane-chocolat

10 MIN | 15 MIN | 1 PORTION

130 g de banane

20 g de chocolat noir

1 c. à soupe de fromage frais (type Philadelphia®)

2 biscuits

1. Éplucher la banane et la couper en morceaux. La placer dans le panier du robot.

2. Verser l'eau dans la cuve jusqu'au niveau 3 et faire cuire 15 minutes. Faire fondre le chocolat au micro-ondes ou au bain-marie.

3. Réserver l'eau de cuisson et mettre la banane, le chocolat fondu et le fromage frais dans la cuve du mixeur. Mixer en ajoutant un peu d'eau de cuisson si nécessaire jusqu'à obtenir une crème bien lisse. Verser dans un bol et parsemer de biscuits émiettés.

Vous pouvez servir ce goûter en forme de verrine. Dans ce cas, verser le fromage frais dans un verre et le couvrir avec la banane écrasée à la fourchette. Verser le chocolat fondu et parsemer de biscuits émiettés.

Poire & sauce chocolat-spéculoos

10 MIN | 15 MIN | 1 PORTION

130 g de poire

1 pincée d'anis vert moulu

10 g de chocolat noir

2 spéculoos

1. Éplucher, laver, retirer le trognon et couper la poire en dés. La placer dans le panier du robot et ajouter l'anis vert.
2. Verser l'eau dans la cuve jusqu'au niveau 3 et faire cuire 15 minutes.
3. Faire fondre le chocolat au micro-ondes ou au bain-marie. Le mélanger avec les spéculoos émiettés.
4. Retirer l'eau de cuisson et mixer les morceaux de poire. Verser dans une verrine et ajouter la sauce chocolat-spéculoos.

Goûter

Compote orange-carotte & fromage blanc

10 MIN | 15 MIN | 1 PORTION

70 g d'orange

50 g de carotte

100 g de fromage blanc

2 biscuits

3 feuilles de verveine séchées

1. Peler l'orange à vif à l'aide d'un couteau et prélever les suprêmes. Éplucher, laver et couper la carotte en dés. Placer l'orange et la carotte avec les feuilles de verveine dans le panier du robot.
2. Verser l'eau dans la cuve jusqu'au niveau 3 et faire cuire 15 minutes.
3. Réserver l'eau de cuisson et mettre les morceaux de fruits cuits dans la cuve du mixeur. Mixer en ajoutant un peu d'eau de cuisson si nécessaire jusqu'à obtenir une compote bien lisse. Verser le fromage blanc dans un verre, couvrir de compote et parsemer de biscuits émiettés.

Soir

Purée pomme de terre, carotte & céleri

15 MIN | 15 MIN | 1 PORTION

80 g de carotte

60 g de céleri-branche

50 g de pomme de terre

1 branche de thym

1 c. à café d'huile d'olive

1. Laver le céleri et couper la partie la plus tendre en dés. Éplucher, laver et couper en morceaux la pomme de terre et la carotte. Placer les morceaux de légumes avec la branche de thym dans le panier du robot.

2. Verser l'eau dans la cuve jusqu'au niveau 3 et faire cuire 15 minutes.

3. Réserver l'eau de cuisson et mettre les morceaux cuits dans la cuve du mixeur. Retirer la branche de thym. Ajouter l'huile d'olive. Mixer avec 1 à 2 c. à soupe d'eau si nécessaire jusqu'à obtenir une consistance lisse.

Soir

Purée de poivron, carotte & ricotta

15 MIN | 15 MIN | 1 PORTION

120 g de poivron

60 g de carotte

3 feuilles de basilic

1 c. à soupe de ricotta

1 c. à café d'huile d'olive

1. Peler le poivron à l'aide d'un économe pour retirer la peau indigeste. Éplucher, laver et couper en morceaux la carotte. Placer les morceaux de légumes dans le panier du robot.
2. Verser l'eau dans la cuve jusqu'au niveau 3 et faire cuire 15 minutes.
3. Réserver l'eau de cuisson et mettre les morceaux cuits dans la cuve du mixeur. Ajouter les feuilles de basilic lavées, la ricotta et l'huile d'olive. Mixer avec 1 à 2 c. à soupe d'eau si nécessaire jusqu'à obtenir une consistance lisse.

Gnocchis & sauce aux tomates cerises

15 MIN | 17 MIN | 1 PORTION

200 g de pommes de terre farineuses (Bintje)

100 g de tomates cerises

1 c. à soupe de parmesan râpé

1 c. à soupe de farine

1 c. à café d'échalotes hachées

1 c. à café d'huile d'olive

1. Éplucher, laver et couper en morceaux les pommes de terre. Laver les tomates cerise et les couper en quatre. Placer les légumes et les échalotes hachées dans le panier du robot.
2. Verser l'eau dans la cuve jusqu'au niveau 3 et faire cuire 15 minutes.
3. Réserver l'eau de cuisson et récupérer les pommes de terre. Les mettre dans un saladier, ajouter le parmesan râpé et la farine. Mélanger et former des boules de la taille d'une noisette. Les faire cuire dans de l'eau bouillante 1 à 2 minutes. Les égoutter et les mettre dans une assiette creuse.
4. Placer les tomates et les échalotes cuites dans la cuve du mixeur. Ajouter l'huile d'olive. Mixer avec 1 à 2 c. à soupe d'eau si nécessaire jusqu'à obtenir une sauce lisse. Verser la sauce sur les gnocchis et servir.

Soir

Polenta aux asperges & à la courgette

15 MIN | 15 MIN | 1 PORTION

120 g d'asperges vertes

60 g de courgette

30 g de polenta cuite

1 c. à soupe de parmesan râpé

1 c. à café d'huile d'olive

1 pincée de noix de muscade

1. Laver les asperges. Couper la base dure et couper le reste en quatre. Éplucher, laver et couper en morceaux la courgette. Placer les légumes dans le panier du robot.
2. Verser l'eau dans la cuve jusqu'au niveau 3 et faire cuire 15 minutes.
3. Réserver l'eau de cuisson et mettre les morceaux cuits dans la cuve du mixeur. Ajouter la noix de muscade moulue et l'huile d'olive. Mixer avec 1 à 2 c. à soupe d'eau si nécessaire jusqu'à obtenir une consistance lisse. Mélanger avec la polenta et servir parsemé de parmesan râpé.

Purée de potimarron, poire & muscade

15 MIN | 15 MIN | 1 PORTION

100 g de potimarron

70 g de poire

30 g de riz cuit

1 pincée de noix de muscade moulue

1 c. à café d'huile d'olive

1. Éplucher et couper le potimarron en dés. Éplucher, laver, retirer le trognon et couper la poire en morceaux. Placer les morceaux de potimarron et de poire dans le panier du robot.
2. Verser l'eau dans la cuve jusqu'au niveau 3 et faire cuire 15 minutes.
3. Réserver l'eau de cuisson et mettre les morceaux cuits dans la cuve du mixeur. Ajouter la noix de muscade moulue, le riz et l'huile d'olive. Mixer avec 1 à 2 c. à soupe d'eau si nécessaire jusqu'à obtenir une consistance lisse.

Soir

Risotto aux épinards & fromage frais

15 MIN | 15 MIN | 1 PORTION

200 g d'épinard

50 g de riz arborio cuit

1 c. à café d'échalotes hachées

1 c. à soupe de fromage frais (type Philadelphia®)

1 c. à café d'huile d'olive

1. Laver soigneusement les feuilles d'épinard. Enlever la partie centrale et émincer finement les feuilles. Les placer avec les échalotes dans le panier du robot.
2. Verser l'eau dans la cuve jusqu'au niveau 3 et faire cuire 15 minutes.
3. Réserver l'eau de cuisson. Verser les épinards dans un bol ou dans une assiette creuse. Ajouter l'huile d'olive, le fromage frais, le riz cuit et mélanger le tout.

Si la consistance est trop épaisse, mixer les épinards avec le fromage et 1 à 2 c. à soupe d'eau de cuisson, puis mélanger avec le riz cuit.

Soir

Boulettes bicolores

15 MIN | 15 MIN | 1 PORTION

100 g de pommes de terre

80 g de petits pois (surgelés)

1 c. à soupe de crème liquide

1 c. à café de beurre

1. Éplucher, laver et couper en morceaux les pommes de terre. Placer les légumes dans le panier du robot.
2. Verser l'eau dans la cuve jusqu'au niveau 3 et faire cuire 15 minutes.
3. Réserver l'eau de cuisson. Verser les pommes de terre dans la cuve du robot, ajouter la crème liquide et mixer jusqu'à ce que la purée soit lisse.
4. Écraser les petits pois à la fourchette. Prendre 1 cuillère à soupe de purée de pomme de terre dans la paume de la main, l'étaler, puis ajouter par-dessus un peu d'écrasé de petits pois. Fermer avec de la purée et former une boule. Recommencer l'opération jusqu'à épuisement des ingrédients. Servir les boulettes arrosées de beurre fondu.

Gnocchis de pomme de terre & patate douce

15 MIN | 17 MIN | 1 PORTION

100 g de pommes de terre farineuses (Bintje)

100 g de patate douce

½ œuf

1 c. à soupe de parmesan râpé

1 c. à soupe de farine

1 feuille de sauge

1 c. à café d'huile d'olive

1. Éplucher, laver et couper en morceaux les pommes de terre et la patate douce. Placer les morceaux de légumes et la feuille de sauge dans le panier du robot.
2. Verser l'eau dans la cuve jusqu'au niveau 3 et faire cuire 15 minutes.
3. Réserver l'eau de cuisson et retirer la feuille de sauge. Écraser la pomme de terre et la patate douce avec un presse-purée. Les mettre dans un saladier, ajouter le parmesan râpé, le ½ œuf (battu en omelette) et la farine. Mélanger et former des boules de la taille d'une noisette.
4. Les faire cuire dans de l'eau bouillante 1 à 2 minutes. Les égoutter et les mettre dans une assiette creuse. Servir arrosé d'huile d'olive.

Soir

Crémeux de petit épeautre

15 MIN | 15 MIN | 1 PORTION

100 g de champignons de Paris

80 g de panais

20 g de petit épeautre cuit

1 c. à café d'oignons hachés

4 feuilles de persil plat

1 c. à soupe de crème liquide

1. Laver et couper en morceaux les champignons de Paris. Éplucher, laver et couper en morceaux le panais. Placer les légumes avec les oignons dans le panier du robot.
2. Verser l'eau dans la cuve jusqu'au niveau 3 et faire cuire 15 minutes.
3. Réserver l'eau de cuisson et mettre les morceaux cuits dans la cuve du mixeur. Ajouter le petit épeautre, les feuilles de persil lavées et la crème liquide. Mixer avec 1 à 2 c. à soupe d'eau si nécessaire jusqu'à ce que la consistance soit lisse.

Crémeux de riz et de millet aux asperges

15 MIN | 15 MIN | 1 PORTION

150 g d'asperges vertes

20 g de millet cuit

30 g de riz blanc cuit

1 c. à café d'oignon haché

1 c. à soupe de crème liquide

1. Laver les asperges et couper la partie basse la plus dure. Les placer avec les oignons dans le panier du robot.
2. Verser l'eau dans la cuve jusqu'au niveau 3 et faire cuire 15 minutes.
3. Réserver l'eau de cuisson et mettre les morceaux cuits dans la cuve du mixeur. Ajouter le riz, le millet et la crème liquide. Mixer avec 1 à 2 c. à soupe d'eau si nécessaire jusqu'à obtenir une consistance lisse.

Index

Auteur : Ilona Chovancova
Photographe : Richard Boutin
Création et réalisation : Graph'M
Styliste culinaire : Lelia Castello
Mise en page : Les PAOistes
Relecture : Émilie Collet et Marie-Ève Foutieau
Photographies des ingrédients des pages recettes : © Shutterstock

PAPIER À BASE DE FIBRES CERTIFIÉES

MARABOUT
s'engage pour l'environnement en réduisant l'empreinte carbone de ses livres.
Celle de cet exemplaire est de :
1 kg 800 éq. CO_2
Rendez-vous sur www.marabout-durable.fr

58, rue Jean Bleuzen
92178 Vanves Cedex

4147286
978-2-501-09331-6
Dépôt légal mars 2018
Achevé d'imprimer en février 2018 en Espagne chez Cayfosa